Léon Denis

L'Au-delà
et la survivance
de l'être

NOUVELLES PREUVES EXPÉRIMENTALES

Je me propose d'aborder, en ces pages, une des questions les plus hautes et les plus graves qui se dressent devant la pensée humaine.

Y a-t-il en nous un élément, un principe quelconque, qui persiste après la mort du corps? Y a-t-il quelque chose de notre conscience, de notre personnalité morale, de notre intelligence, de notre moi, qui subsiste après la décomposition de notre enveloppe matérielle?

Dans cette courte étude, nous laisserons de côté le domaine des espérances religieuses, si respectable soit-il, ainsi que celui des théories philosophiques, pour rechercher exclusivement les preuves expérimentales susceptibles de fixer notre opinion. Aujourd'hui, les affirmations dogmatiques, les théories spéculatives ne suffisent plus. L'esprit humain, rendu plus difficile par les méthodes scientifiques et critiques en usage dans notre temps, exige pour toute croyance une base positive, un critérium de certitude.

Tout d'abord, dans cet examen, une chose nous frappe. A notre époque, où tant de convictions s'affaiblissent et s'éteignent, où tant d'illusions tombent en lambeaux, le respect, le culte de la mort reste une des rares traditions vivantes. Le souvenir des êtres chéris persiste, intense et profond, au cœur de l'homme. C'est à Paris, ne l'oublions pas, que s'est établi l'usage de saluer au passage les convois funèbres.

N'est-ce pas un touchant spectacle que de voir, les 1er et 2 novembre, sous un ciel généralement bas et sombre, et souvent même sous une pluie opiniâtre, maussade et glacée, des foules nombreuses s'acheminer vers les cimetières, pour aller fleurir de chrysanthèmes les tombes de ceux qu'elles ont aimés?

Pour tous ceux qui viennent d'accomplir ce pieux pèlerinage et même, à toutes les époques de l'année, pour ceux qui accompagnent un convoi mortuaire, est-ce que la question ne se pose pas? Qu'est-il advenu de tous ces voyageurs qui ont franchi le seuil du monde invisible? Et notre pensée interroge l'océan silencieux des morts!

Oui, malgré l'amour effréné de la matière qui caractérise notre temps, malgré cette lutte ardente pour la vie qui nous saisit dans son engrenage et nous absorbe tout entiers, la pensée de l'Au-delà se dresse à chaque instant en nous. Elle est suscitée par le spectacle quotidien des deuils de l'humanité, par la vue des générations qui se succèdent et passent, par les arrivées et les départs qui se produisent autour de nous, par ces passages constants d'un monde à l'autre de ceux qui ont partagé nos travaux, nos joies, nos douleurs, de ceux qui ont tissé à nos côtés la trame parfois si douloureuse de l'existence.

A tous ceux qui se sont posé cette question je dirai : N'avez-vous pas perçu quelquefois, dans le silence profond des heures nocturnes, des heures d'insomnie, lorsque tout repose autour de nous, n'avez-vous pas perçu quelque bruit mystérieux, qui ressemblait à un avertissement d'ami ou bien encore le murmure d'un être cher essayant de se faire entendre ? N'avez-vous pas senti passer sur votre front comme un souffle léger, doux comme une caresse, ou comme le frôlement d'une aile ? Cela, je l'ai ressenti bien souvent.

Mais, me direz-vous, cela est beaucoup trop vague et très peu concluant. Il faut à notre époque sceptique des manifestations autrement précises, des phénomènes plus tangibles, plus probants.

Or, ces manifestations existent, et c'est d'elles que nous allons nous entretenir, abordant ainsi le domaine du spiritualisme expérimental, de ces sciences psychiques nouvelles qui jettent sur le problème de l'Au-delà une vive lumière.

Ces sciences ont pris une extension considérable depuis quelques années, et il n'est plus possible à tout homme intelligent de les ignorer ou de les dédaigner. En dépit des fraudes et des supercheries, les phénomènes psychiques réels, de tous ordres, se sont tellement multipliés que leur possibilité ne saurait plus être mise en doute. Si certains savants les discutent encore, c'est bien plutôt au point de vue de l'explication des causes en action, que de la réalité des faits pris en eux-mêmes.

Depuis vingt ou trente ans, une nouvelle science est née. Brisant le cercle étroit dans lequel la science d'hier, la science matérialiste, s'était confinée, elle a ouvert à l'esprit humain d'immenses trouées sur la vie invisible.

La découverte de la matière radiante, c'est-à-dire d'un état subtil de la matière qui échappait complètement à nos perceptions, la découverte des rayons X, des ondes hertziennes et de la radioactivité des corps ont démontré l'existence de forces, de puissances incalculables et la possibilité de formes de vie que nos sens chétifs et bornés sont insuffisants à percevoir.

De même que le monde des infiniment petits nous demeurait inconnu avant l'invention du microscope, de même, sans les découvertes de W. Crookes, Rœntgen, Berthelot et Curie, nous ignorerions encore qu'un infini de forces, de radiations, de puissances nous entoure, nous enveloppe, nous baigne dans ses profondeurs.

Mais, après ces constatations, quel homme oserait, désormais, fixer des limites à l'empire de la vie ? La mort, elle-même, ne semble être qu'une porte ouverte sur des formes impalpables, impondérables de l'existence ; les flots de la vie invisible roulent sans cesse autour de nous.

On se demande souvent où est l'Au-delà ; mais l'au-delà et l'en deçà se pénètrent, se confondent : ils sont l'un dans l'autre.

L'au-delà est simplement ce que nos sens n'atteignent pas. Ceux-ci sont très pauvres, on le sait. Ils ne nous laissent distinguer que les formes les plus grossières de la vie universelle. Les formes subtiles leur échappent absolument. Pendant longtemps, qu'est-ce que l'humanité a su de l'univers ? Presque rien ! Le télescope et le microscope ont élargi, en deux sens opposés, le champ de nos perceptions. A celui qui, avant la découverte du microscope, aurait parlé des infusoires, de cette vie débordante s'épanouissant en myriades d'êtres dans les airs et dans les eaux, on aurait répondu par un haussement d'épaules.

Voici que de nouvelles perspectives s'ouvrent, et des domaines inconnus de la nature se révèlent. On peut dire que l'enfance du vingtième siècle marque une nouvelle étape de la pensée et de la science. Celle-ci s'affranchit de plus en plus des limites étroites dans lesquelles elle a été enfermée si longtemps, pour prendre son essor, développer ses moyens d'investigation et de raisonnement, et explorer les vastes horizons de l'inconnu. La psychologie, notamment, est entrée dans des voies nouvelles. L'étude du moi, de la personnalité humaine, est passée du domaine de la métaphysique à celui de l'observation et de l'expérience. Parmi les sciences nées de ce mouvement, figure le spiritualisme expérimental.

Sous ce nom, le vieux spiritisme, tant raillé et bafoué, si souvent enterré, a reparu plus vivant et voit s'accroître de jour en jour le nombre de ses partisans.

N'est-ce pas là une chose singulière ? Jamais peut-être on n'avait vu un ensemble de faits, considérés d'abord comme impossibles, dont l'idée ne soulevait, dans la pensée de la majorité des hommes, que l'antipathie, la méfiance, le dédain, qui étaient en butte à l'hostilité de plusieurs institutions séculaires, finir par s'imposer à l'attention et même à la conviction d'hommes instruits, de savants compétents, autorisés par leurs fonctions et leur caractère. Ces hommes, d'abord sceptiques, en sont venus, par leurs études, leurs recherches, leurs expériences, à reconnaître et à affirmer la réalité de la plupart des phénomènes spirites.

Sir William Crookes, le plus grand physicien des temps modernes, après avoir observé, pendant trois ans, les matérialisations de l'esprit de Katie King et les avoir photographiées, a déclaré :

« Je ne dis pas : cela est possible, je dis : cela est. »

On a prétendu que W. Crookes s'était rétracté. Or, il a répondu lui-même à cette insinuation dans son discours d'ouverture au Congrès de Bristol, comme président de *l'Association britannique pour l'avancement des sciences*. Parlant des phénomènes qu'il a décrits, il ajoute : *Je n'ai rien à rétracter, je m'en tiens à mes déclarations déjà publiées. Je pourrais même y ajouter beaucoup.*

Russell Wallace, de l'Académie Royale de Londres, dans son ouvrage intitulé : *le Miracle et le moderne spiritualisme*, a écrit : «J'étais un matérialiste si parfait et si éprouvé que je ne pouvais, en ce temps, trouver place dans ma pensée pour la conception d'une existence spirituelle... Les faits, néanmoins, sont choses opiniâtres : les faits m'ont vaincu.»

Le professeur Hyslop, de l'Université de Columbia, New-York, dans son rapport sur la médiumnité de Mrs. Piper entransée, a dit :

«A en juger d'après ce que j'ai vu moi-même, je ne sais comment je pourrais me dérober à la conclusion que l'existence d'une *vie future* est absolument démontrée.»

F. Myers, professeur à Cambridge, dans son bel ouvrage : *la Personnalité humaine*, en arrive à cette conclusion, «que des voix et des messages nous reviennent d'au-delà de la tombe».

Parlant de Mrs. Thompson, il ajoute : «Je crois que la plupart de ces messages viennent d'esprits, qui se servent temporairement de l'organisme des médiums pour nous les donner.»

Richard Hodgson, président de la *Société américaine des Recherches psychiques*, écrivait dans les *Proceedings of Society Psychical Research* : «Je crois, sans avoir le moindre doute, que les communicants spirites sont bien les personnalités qu'ils disent être ; qu'ils ont survécu au changement que nous appelons la mort, et qu'ils ont communiqué directement avec nous, les soi-disant vivants, par l'intermédiaire de l'organisme de Mme Piper endormie.»

Le même Richard Hodgson, décédé en décembre 1906, s'est communiqué depuis à son ami James Hyslop, entrant dans des détails minutieux au sujet des expériences et des travaux de la Société des Recherches psychiques. Il explique comment il faudrait les conduire de manière à prouver absolument son identité.

Ces communications sont transmises par différents médiums, qui ne se connaissent pas, et elles se confirment les unes par les autres. On reconnaît les mots et les phrases qui étaient familiers au communicant pendent sa vie.

Sir Oliver Lodge, recteur de l'Université de Birmingham et membre de l'Académie royale, écrit, dans *The Hilbert Journal*, ce qui suit (reproduit par *Light* du 8 juillet 1911) :

«Parlant pour mon compte et avec tout le sentiment de ma responsabilité, j'ai à constater que, comme résultat de mon investigation dans le psychisme, j'ai à la longue et tout à fait graduellement acquis la conviction, et suis maintenant convaincu, après plus de vingt ans d'études, non seulement que la persistance de l'existence personnelle est un fait, mais qu'une communication peut occasionnellement, mais avec difficulté et dans des conditions spéciales, nous parvenir à travers l'espace.»

Et dans la conclusion de son livre récent: *la Survivance humaine*, il ajoute:

«Nous ne venons pas annoncer une nouvelle extraordinaire; nous n'apportons aucun moyen nouveau de communication, mais simplement une collection de preuves d'identité soigneusement établies, par des méthodes développées, quoique anciennes, plus exactes et plus voisines de la perfection, peut-être, que celles obtenues jusqu'ici. Je dis «des preuves soigneusement établies», car l'ingéniosité avec laquelle elles ont été préparées se rencontre autant de l'autre côté de la barrière que du nôtre; il y a eu distinctement coopération entre ceux qui sont dans la matière et ceux qui n'y sont pas.»

Le professeur W. Barrett, de l'Université de Dublin, déclare (*Annales des Sciences psychiques*, nov. et déc. 1911):

«Sans doute, pour notre part, nous croyons qu'il y a quelque intelligence active à l'œuvre derrière l'automatisme (écriture mécanique, transe et incorporations) et en dehors de celui-ci une intelligence, qui est plus probablement la personne décédée qu'elle affirme être, que toute autre chose que nous pouvons imaginer… Il est malaisé de trouver une autre solution au problème de ces messages et de ces "correspondances-croisées", sans imaginer une tentative de coopération intelligente entre certains esprits désincarnés et les nôtres.»

Le célèbre Lombroso, professeur à l'Université de Turin, écrivait dans la *Lettura*:

«Je suis forcé de formuler ma conviction que les phénomènes spirites sont d'une importance énorme et qu'il est du devoir de la science de diriger son attention sans délai sur ces manifestations.»

M. Boutroux, membre de l'Institut et professeur à la Faculté des Lettres de Paris, s'exprime ainsi dans *le Matin* du 14 mars 1908:

«Une étude large, complète, du psychisme n'offre pas seulement un intérêt de curiosité, même scientifique, mais intéresse encore très directement la vie et la destinée des individus et de l'humanité.»

Le savant M. Duclaux, directeur de l'Institut Pasteur, dans une conférence faite à l'Institut général psychologique il y a quelques années, disait: «Je ne sais si vous êtes comme moi, mais ce monde peuplé d'influences que nous subissons sans les connaître, pénétré de ce *quid divinum* que nous devinons sans en avoir le détail, eh bien! ce monde du psychisme est un monde plus intéressant que celui dans lequel s'est jusqu'ici confinée notre pensée. Tâchons de l'ouvrir à nos recherches. Il y a là d'immenses découvertes à faire, dont profitera l'humanité. »

L'observateur, le chercheur impartial qui veut se faire un jugement fondé, se trouve souvent en face de deux opinions également trompeuses. D'un côté, c'est la condamnation en bloc. On lui dira : dans le psychisme tout est fraude et supercherie ; ou bien : tout est illusion et chimère. De l'autre côté, ce sera la crédulité excessive. Il rencontrera des gens qui admettent les faits les plus invraisemblables, les plus fantastiques ; d'autres qui se livrent aux pratiques spirites sans études préalables, qui sont dépourvus de méthode, de discernement, d'esprit de contrôle, et sont dans l'ignorance des causes diverses auxquelles les phénomènes psychiques peuvent être attribués.

Ceux-là pourront être des gens de bonne foi. Mais il y a aussi les fraudeurs et les charlatans. Le charlatanisme s'est souvent emparé des faits psychiques, pour les imiter et les exploiter. Il faut se mettre en garde contre le cortège des faux mages, des faux médiums ou de ceux qui, ayant des facultés réelles, n'hésitent pourtant pas à tricher à l'occasion. On doit se garder des tristes industriels qui ne craignent pas de tirer un parti vénal des choses les plus respectables. Cependant, les cas frauduleux ne peuvent altérer en rien la réalité des faits authentiques.

Il n'en est pas moins vrai que les supercheries, les fausses matérialisations, les photographies truquées discréditent le psychisme et entravent la marche de cette science nouvelle, retardent son essor, son développement normal. Mais n'en est-il pas ainsi de toutes les choses humaines ? Les plus sacrées d'entre elles n'ont pas été à l'abri des manœuvres des fourbes et des imposteurs.

Il est certain qu'en présence de l'incertitude, de la confusion qui résultent à première vue de tant de jugements contradictoires, bien des hommes hésiteront à aborder ce terrain et à se livrer à une étude attentive. Ce qui se dégage au premier examen superficiel, c'est plutôt la défiance et l'hostilité. Trop souvent on ne voit de la science psychique que ses côtés vulgaires, surtout les tables tournantes et les phénomènes similaires ; on méconnaît ou l'on ignore les manifestations d'un caractère élevé, les faits de réelle valeur. Car, en ce monde, tout ce qui est beau et grand se dissimule ; on ne le découvre que par des efforts persévérants, tandis que les choses banales et mauvaises s'étalent à l'envi autour de nous. Ou bien les phénomènes cités paraîtront merveilleux, incroyables à ceux qui n'ont jamais expérimenté. Et certains, en présence des récits qui leur sont faits, considéreront les spirites comme des aliénés.

Voilà pour la première impression; elle n'est guère favorable, il faut le reconnaître. Pourtant, si l'on étudie sérieusement la question, on est frappé par un fait: c'est qu'après un demi-siècle de critiques amères, d'attaques violentes et même de persécutions, le spiritisme est plus vivant que jamais. On peut dire qu'il s'est considérablement développé, car les revues, les journaux, les cercles d'expérimentation qui se rattachent à cet ordre d'idées, sur tous les points du globe, ne se comptent plus. Tout ce qu'on a voulu tenter contre lui a échoué. Les enquêtes scientifiques et les procès tendancieux ont tourné en sa faveur.

Il faut aussi reconnaître une chose: si le spiritisme a eu tant de peine à vaincre les oppositions conjurées, c'est que l'expérimentation est entourée de difficultés. Elle exige des qualités d'observation et de méthode, un esprit de patience, de persévérance, que tous les hommes sont loin de posséder. Les manifestations spirites sont soumises à des règles plus subtiles, à des conditions plus délicates et plus compliquées qu'aucune autre science. Il a fallu, de la part des expérimentateurs, de longues années d'étude et d'observation pour déterminer les lois qui régissent le phénomène spirite.

Nous l'avons vu plus haut, le spiritisme s'appuie désormais sur des témoignages scientifiques de haute valeur, sur les expériences et les affirmations d'hommes qui occupent un rang élevé dans la science, et dont les œuvres fortes, la vie intègre et féconde sont entourées du respect universel. Et le nombre de ces témoignages s'accroît tous les jours. C'est pourquoi l'on peut se dire: si les phénomènes du spiritisme n'étaient qu'illusion et chimère, comment auraient-ils pu retenir, pendant des années, l'attention de savants illustres, d'hommes froids et positifs, tels que sir W. Crookes, Lodge, Zœllner, Lombroso? Et dans un ordre moins élevé, mais non pas négligeable, des hommes tels que Myers, Aksakof, Maxwell, Stead, Dariex, etc.?

Peu à peu, grâce aux enquêtes et aux expériences de ces hommes de science, l'investigation se poursuit, les affirmations en faveur du spiritisme se renouvellent et se multiplient.

Et c'est pourquoi nous considérons comme un devoir de répandre partout la connaissance de ces faits, car ils jettent un jour nouveau, un jour puissant sur notre véritable nature et sur notre avenir. Il faut enfin que l'homme apprenne à se mieux connaître, à prendre conscience des énergies qui dorment en lui; se conformant à la loi suprême, il doit travailler avec courage et persévérance à s'accroître, à grandir en dignité, en savoir, en sagesse, en moralité, car toute sa destinée est là!

Ajoutons une remarque sur les expériences des savants que nous avons cités : elles ont eu une portée considérable et ont abouti à des constatations scientifiques de la plus haute importance. Par exemple, c'est en observant les matérialisations de l'esprit de Katie King que sir W. Crookes a découvert la matière radiante. Dans ces phénomènes étranges, il observait l'action de la substance en travail au point où elle se transforme en force, en énergie.

C'est donc un fait spirite qui a été le point de départ de tout un enchaînement de découvertes, de toute une révolution dans le domaine de la physique et de la chimie.

Cette matière radiante, diffuse, impondérable, qui remplit l'espace et échappe à nos sens, le grand physicien anglais trouve le moyen de la rendre visible dans cet appareil qu'on a appelé l'ampoule de Crookes. Tout ce qu'on a constaté depuis lors dans ce domaine n'a été qu'une application des découvertes de l'illustre savant : les rayons X et la radioactivité des corps, par exemple.

Le radium lui-même n'est qu'une de ces manifestations. Tous les corps vibrent, tous sont en perpétuel état de radiation ; le radium rayonne plus puissamment que les autres.

Nous pouvons observer maintenant la matière dans ses différents états, depuis l'état solide, le plus condensé sous lequel nous la voyons habituellement, jusqu'à l'état de complète dissociation où elle devient force et lumière.

L'être humain rayonne également. Il existe en lui un foyer d'énergie, d'où s'échappent constamment des effluves magnétiques et des forces qui s'activent, s'étendent sous l'influence de la volonté et peuvent impressionner des plaques photographiques. Déjà, par ce rayonnement, notre être pénètre dans le monde invisible.

Toutes ces notions, les expériences scientifiques viennent les confirmer. La constatation de ces modes d'énergie, l'existence de ces formes subtiles de la matière, fournissent en même temps l'explication rationnelle des phénomènes spirites. C'est là que les Esprits puisent les forces dont ils se servent dans leurs manifestations physiques ; c'est de ces éléments impondérables que sont constitués leurs enveloppes, leurs organismes. Nous-mêmes, humains, nous possédons en nous, dès cette vie, un corps subtil, invisible, véhicule de l'âme, dont le corps physique est l'image et qui, dans certains cas, peut se concréter et tomber sous les sens.

On a pu reproduire sur les plaques ce double fluidique de l'homme, centre de forces et de radiations. Le colonel de Rochas et le docteur Barlemont ont obtenu, chez Nadar, la photographie simultanée du corps d'un médium et de son double, momentanément séparés.

C'est par l'existence du corps fluidique, par son dégagement pendant le sommeil naturel ou provoqué, que s'expliquent les apparitions des fantômes des vivants et, par extension, celles des Esprits des morts.

Déjà on avait pu constater, dans bien des cas, que le double fluidique de personnes vivantes se détachait, dans certaines conditions, du corps matériel, pour apparaître et se manifester à distance. Ces phénomènes sont connus sous le nom de faits télépathiques.

Dès lors, il devenait évident que si, pendant la vie, la forme fluidique peut agir en dehors et sans le concours du corps, la mort ne pouvait plus être le terme de son activité.

Voici un cas remarquable d'apparition d'un vivant dégagé de sa forme matérielle :

Les grands journaux de Londres, le *Daily News* du 17 mai 1905, l'*Evening News*, le *Daily Express*, l'*Empire* du 14 mai, ont rendu compte de l'apparition, en pleine séance du Parlement, à la Chambre des Communes, du fantôme d'un député, le major sir Carne Rachse, qui était retenu à ce moment chez lui par une indisposition. Trois autres députés attestent la réalité de cette manifestation.

Voici comment s'exprime sir Gilbert Parker, membre de la Chambre des Communes, dans le journal *Empire* du 14 mai 1905, reproduit par les *Annales des Sciences psychiques* de juin 1905 :

« Je voulais participer au débat, mais on oublia de m'appeler. Pendant que je regagnais ma place, mes yeux aperçurent sir Carne Rachse, assis près de sa place habituelle. Comme je savais qu'il avait été malade, je lui fis un geste amical, en lui disant : "J'espère que vous allez mieux." Mais il ne fit aucun signe de réponse. Cela m'étonna. Mon ami avait le visage très pâle. Il était assis, tranquille, appuyé sur une main ; l'expression de sa figure était impassible et dure. Je songeais un instant à ce qu'il convenait de faire ; quand je me retournai vers sir Carne, il avait disparu. Je me mis aussitôt à sa recherche, espérant le trouver dans le vestibule. Mais il n'y était pas. Personne ne l'y avait vu. »

Et le journal ajoute :

« Sir Carne lui-même ne doute pas d'être réellement apparu à la Chambre, sous forme de double, préoccupé qu'il était de se rendre à la séance pour appuyer de son vote le gouvernement. »

Nous avons en outre le témoignage de deux autres députés anglais.

Dans le *Daily News* du 17 mai 1905, sir Arthur Hayter ajoute son témoignage à celui de sir Gilbert Parker. Il dit que lui-même non seulement vit sir Carne Rachse, mais qu'il attira l'attention de sir Campbell Bannermann sur sa présence à la Chambre.

Au sujet des apparitions des défunts, nous avons relaté dans nos autres ouvrages[1] les expériences de William Crookes avec l'esprit de Katie King, d'Aksakof avec l'esprit d'Abdullah, etc.

Relatons un cas plus récent, que le professeur Lombroso, de Turin, connu dans le monde entier par ses travaux de physiologie criminaliste, rapporte dans son livre posthume : *Ricerche sui fenomeni inoptici et spiritici* :

> C'était à Gênes, en 1902 ; le médium Eusapia était en état de demi-inconscience et je n'espérais pas obtenir de phénomène sérieux. Avant la séance, je l'avais priée de déplacer, en pleine lumière, un lourd encrier de verre. Elle me répondit avec son ton vulgaire : « Pourquoi t'occupes-tu de ces niaiseries ? Je suis capable de bien autre chose, de te faire voir ta mère. Voilà à quoi tu devrais penser ! » Impressionné par cette promesse, après une demi-heure de séance, je fus pris du désir le plus intense de la voir exécutée, et la table répondit par trois coups à ma pensée. Tout à coup je vis (nous étions dans une demi-obscurité avec la lumière rouge) sortir du cabinet une forme assez petite, comme était celle de ma mère. (Il est à remarquer que la taille d'Eusapia est d'au moins dix centimètres supérieure à celle de ma mère.) Le fantôme était voilé ; il fit le tour complet de la table, jusqu'à moi, en murmurant des paroles que beaucoup entendirent, mais que ma demi-surdité ne me permit pas de saisir. Tandis que, hors de moi par l'émotion, je la suppliais de me les répéter, elle me dit : *Cesare, mio fio !* Ce qui, je le reconnais, n'était pas dans ses habitudes. En effet, elle était Vénitienne et avait l'habitude vénitienne de me dire : *mio fiol !* Peu après, sur ma demande, elle écarta un instant son voile et me donna un baiser.

A la page 93 de l'ouvrage cité plus haut, on peut lire que la mère de l'auteur lui réapparut une vingtaine de fois encore au cours des séances d'Eusapia.

L'objection favorite des incrédules, touchant ce genre de phénomènes, est qu'ils se produisent dans l'obscurité, si favorable aux supercheries. Il y a une part de vérité dans cette objection, et nous n'avons pas hésité à signaler nous-même des fraudes scandaleuses, mais il faut remarquer que l'obscurité est indispensable aux apparitions lumineuses, les plus fréquentes de toutes. La lumière exerce une action dissolvante sur les fluides, et nombre de manifestations ne peuvent réussir qu'en son absence. Il y a cependant des cas où certains Esprits ont pu apparaître à la lumière phosphorée. D'autres se dématérialisent en pleine lumière. Sous les radiations de trois becs de gaz, on a vu Katie King fondre peu à peu, se dissoudre et disparaître.

A ces témoignages nous avons le devoir de joindre le nôtre, en relatant un fait qui nous est personnel.

---

[1] Voir *Christianisme et Spiritisme* et *Dans l'Invisible*.

Pendant dix ans, nous avons poursuivi cet ordre d'études avec l'aide d'un médecin de Tours, le docteur Aguzoli, et d'un capitaine archiviste du IXᵉ corps. Par l'intermédiaire de l'un d'eux, endormi du sommeil magnétique, les Invisibles nous promettaient depuis longtemps une matérialisation, lorsqu'un soir, réunis dans le cabinet de consultation de notre ami, les portes soigneusement closes, et le jour pénétrant encore suffisamment par la haute fenêtre pour nous permettre de voir très distinctement les moindres objets, nous entendîmes trois coups retentir sur un point de la muraille. C'était le signal convenu.

Nos regards s'étant portés de ce côté, nous vîmes surgir d'un mur plein, sans aucune solution de continuité, une forme humaine de taille moyenne. Elle apparaissait de profil : l'épaule et la tête se montrèrent d'abord, puis, graduellement, tout le corps apparut. La partie supérieure était bien dessinée ; les contours en étaient nets et précis. La partie inférieure, plus vaporeuse, ne formait qu'une masse confuse. L'apparition ne marchait pas ; elle glissait. Après avoir traversé lentement la salle, à deux pas de nous, elle alla s'enfoncer et disparaître dans le mur opposé, à un endroit qui n'offrait aucune issue. Nous pûmes la considérer pendant trois minutes environ, et nos impressions, contrôlées ensuite, furent reconnues identiques.

Le colonel français L. G., aujourd'hui général, avait perdu sa fille aînée, âgée de vingt ans, à laquelle il avait voué une tendre affection, car cette jeune personne, très sérieuse, renonçait volontiers aux plaisirs de ses compagnes pour partager les travaux de son père, écrivain distingué. Cette mort soudaine, foudroyante, plongea le colonel dans un morne désespoir. Il me demanda les moyens de communiquer avec la chère disparue ; mais ses essais par la table et l'écriture ne lui donnèrent que des résultats insuffisants. Peu à peu, cependant, des phénomènes de vision se produisirent et, le 25 janvier 1904, il m'écrivait :

Comme complément à mes lettres antérieures, je veux d'abord fixer ici par écrit ce que je vous ai raconté à l'hôtel Nègre-Coste.

Le soir même de votre conférence, étant couché et dans une entière obscurité, j'ai d'abord vu la forme très nette de ma chère enfant, comme je la vois d'habitude (et j'ajoute comme je continue à la voir d'une manière de plus en plus précise), c'est-à-dire une forme sombre, au contour brillant, la coiffure qui lui était spéciale se détachant merveilleusement sur le sommet de la tête.

Or, comme cette forme bien-aimée était devant moi, parfaitement éveillé et l'observant avec toute l'attention dont je suis capable, l'apparition se transfigura, et j'eus alors, au côté de mon lit, ma fille adorée comme jamais je ne l'ai mieux vue de son vivant : figure souriante, gaie, teint éclatant de fraîcheur ; c'était saisissant ; il y avait, émanant d'elle, comme une lumière, son visage rayonnait, resplendissait.

Malheureusement, cela n'a duré que cinq à six secondes, et après j'ai perçu de nouveau la forme sombre, bleuâtre. La figure seule avait l'apparence de la vie.

J'ajoute que précédemment j'avais observé, au pied de mon lit, une magnifique étoile bleue, d'une lumière inimitable, qui projetait vers moi un rayon dont je me trouvais éclairé littéralement. Depuis notre retour ici, les manifestations ont continué dans ces conditions. Toutefois, il y a lieu de relever deux particularités :

Il y a quelques jours, mon neveu Robert était de garde. A minuit, il quitta le poste pour aller prendre quelque chose dans sa chambre. Arrivé là, il s'entendit deux fois appeler, très distinctement : « Robert ! Robert ! » et d'une voix bien connue. Il était absolument seul, porte fermée, et à cette heure tout le monde dormait au quartier.

D'ailleurs, ses camarades l'appellent par son nom de famille : de C…, et jamais par son petit nom. Le seul qui l'appelle par son prénom est Amaury, le fiancé de ma fille, et il était, à cette heure-là, couché dans la chambre qu'il occupe chez moi.

Rentré au poste, il eut l'étonnement de voir un chien recueilli par les soldats, et qu'on appelle « Bataillon », se dresser, ses pattes de devant appuyées sur le lit de camp, face à la muraille, le poil hérissé, et aboyer pendant près de dix minutes, le regard fixé sur le même point, où l'on ne voyait rien.

On ne put le faire taire. Enfin, hier soir, chez moi, Amaury était couché, et il avait sur son lit une chatte, autrefois la préférée de ma chère Yvonne. Tout à coup il se produisit sur la table de nuit un coup tellement violent que la chatte sauta en bas du lit. Amaury, qui sommeillait à peine, rouvrit les yeux et vit la chambre remplie de lueurs, de points brillants, etc.

Voilà où nous en sommes ; tout ceci ne laisse place à aucun doute, à aucun soupçon ; tout se passe chez nous, sans médium étranger, en famille. Le plus souvent les phénomènes sont spontanés.

On y viendra, à cette croyance dans la réalité des manifestations de l'Au-delà, et tout le monde s'étonnera un jour qu'on ait été si longtemps sans les constater et même à les nier !

Le général L. G. me signale encore le phénomène suivant :

M. Contaut, vieil ami de mon père, né à Épinal comme lui et venu à Périgueux, où il a pris sa retraite comme directeur de l'enregistrement, m'a raconté ce fait :

«Un jour, à Épinal, je venais de me coucher, quand tout à coup je vis au pied de mon lit mon ami Goenry, commandant du génie, alors dans une résidence très éloignée des Vosges. Il était en tenue et me regardait tristement. Je fus tellement saisi que je m'écriai: «Comment, Goenry, te voilà!» A ce moment il disparut. J'étais très impressionné; j'allai trouver ma femme et je lui racontai ce qui venait de se passer, en ajoutant: «Je parie que Goenry est mort.» Le lendemain, je reçus une dépêche m'annonçant sa mort, qui coïncidait exactement avec l'heure de l'apparition.»

Or, M. Contaut est un esprit très positif; il ignorait tout de cet ordre de phénomènes, et ne m'a confié la chose que parce que je venais de l'entretenir moi-même de certains faits spirites qui m'étaient arrivés. Il ajouta: «Je n'avais jamais rien compris à cet incident; que de fois j'y ai pensé, sans pouvoir me l'expliquer!»

Citons encore un cas, plus ancien, mais des plus suggestifs, en raison des témoignages officiels qui l'appuient:

Le 17 mars 1863, à Paris, dans un appartement du premier étage, rue Pasquier, n° 26, derrière la Madeleine, Mme la baronne de Boilève donnait à dîner à plusieurs personnes, parmi lesquelles le général Fleury, grand-écuyer de l'empereur Napoléon III, M. Devienne, premier président de la Cour de cassation, M. Delesvaux, président de chambre au tribunal civil de la Seine. Pendant le repas il fut surtout question de l'expédition du Mexique, commencée depuis un an déjà. Le fils de la baronne, le lieutenant des chasseurs à cheval Honoré de Boislève, faisait partie de l'expédition, et sa mère n'avait pas manqué de demander au général Fleury si le gouvernement avait des nouvelles. Il n'en avait pas. Pas de nouvelles, bonnes nouvelles. Le repas s'acheva gaiement, les convives demeurant à table jusqu'à 9 heures du soir. A ce moment, Mme de Boislève se leva et passa seule au salon pour faire servir le café. Elle y était à peine entrée qu'un cri terrible alarma les invités. Ils se précipitèrent et trouvèrent la baronne évanouie, étendue de tout son long sur le tapis.

Ranimée, elle leur raconta une histoire extraordinaire. En franchissant la porte du salon, elle avait aperçu, à l'autre extrémité de la pièce, son fils Honoré debout, en uniforme, mais sans armes et sans képi. Le visage de l'officier était pâle et ensanglanté. Telle avait été l'épouvante de la pauvre femme qu'elle avait pensé mourir. On s'empressa de la rassurer, en lui représentant qu'elle avait été le jouet d'une hallucination, qu'elle avait rêvé tout éveillée; mais, comme elle se sentait inexprimablement faible, on appela d'urgence le médecin de la famille, qui était l'illustre Nélaton. Il fut mis au courant de l'étrange aventure, ordonna des calmants et se retira. Le lendemain, la baronne était physiquement rétablie, mais le moral était touché. Elle envoya deux fois chaque jour au ministère de la guerre demander des nouvelles du lieutenant.

Au bout d'une semaine, elle fut officiellement avertie que, le 17 mars 1863, à 2 heures et 50 minutes après midi, à l'assaut de Puebla, Honoré de Boislève avait été tué raide d'une balle mexicaine, qui l'avait atteint à l'œil gauche et lui avait traversé la tête.

Trois mois après, le docteur Nélaton communiqua à ses collègues de l'Académie des Sciences un procès-verbal de l'événement, écrit tout entier de la main de M. le premier président Devienne et signé par tous les convives du fameux dîner.

En son numéro du 24 décembre 1905, *l'Éclair* publie une importante déclaration de M. Montorgueil, rédacteur de ce journal, qui se décide aujourd'hui à parler des expériences auxquelles il a pris part en 1886 ou 1887, chez l'ingénieur Mac-Nab, rue Lepic. Il a fallu l'affirmation courageuse du professeur Ch. Richet sur la réalité du fantôme de la villa Carmen, pour faire sortir le susdit de son silence de dix-huit ans.

Beaucoup de sceptiques peu au courant de ces recherches s'imaginent naïvement que, s'ils se précipitaient sur le fantôme et l'empêchaient de bouger, ils trouveraient le médium déguisé.

Voici une expérience de M. Montorgueil qui répond péremptoirement à cette hypothèse, en montrant sa niaiserie. Nous arrivons immédiatement au point intéressant de ce récit :

« Un soir, je me sentais touché à l'épaule, c'était une bourrade un peu brusque. Un instant après, une jupe frôla mes genoux, que je saisis entre mes doigts et qui leur échappa.

« Le fantôme revint sur moi. Et tout à coup, je me sentis violemment débarbouillé. Je crus à une plaisanterie : je saisis, furieux, la main qui s'était promenée sur ma figure. La colère, mêlée de quelque terreur, décuplait mes forces. Je criai d'allumer, ce que l'ingénieur fit aussitôt.

« J'étais debout, j'avais un bras passé sous mon bras qui l'appuyait contre mon corps ; je serrais le poignet que j'avais saisi dans mon poignet, dont la fureur faisait un étau. Le silence était absolu ; je ne percevais pas le bruit d'un souffle : je n'en sentais point la chaleur ; mes pieds seuls trépignaient.

« La main du fantôme essayait pourtant d'échapper à mon étreinte. *Je la sentais fondre dans mes doigts.*

« La lumière était revenue : cette lutte n'avait pas duré dix secondes.

«Contre moi, personne; chacun de nous était à sa place et témoignait de plus de curiosité que d'essoufflement. Il est *hors de doute* qu'une personne que j'eusse ainsi saisie, je l'eusse jetée à terre, ou dans ce corps à corps elle ne m'y eût jeté avant que nos mains se fussent quittées. Elle ne se fût pas certainement dégagée sans une bousculade.

«*Mon adversaire avait disparu.*

«Avais-je été le jouet d'une hallucination? J'avais la preuve du contraire: je tenais dans ma main, arraché de la main du fantôme, le chiffon avec lequel j'avais été débarbouillé... C'était le fichu d'une jeune fille que le sculpteur avait amenée.

«Je dois noter qu'au moment où la lumière parut et que la main s'évanouit, le musicien (le médium) se renversa sur le canapé, dans un grand cri, et qu'il resta prostré, anéanti plusieurs minutes.

«J'ai réfléchi, depuis, bien des fois à ces faits. J'ai cherché à savoir si je n'avais pas été mystifié et mes compagnons également. Je n'ai rien trouvé qui me confirmât dans le doute. Un argument prime tous les autres à mes yeux: un être que je serrais au poignet et sous mon bras, s'est dégagé en moins de dix secondes, sans fracas, sans chute, sans collision: je mets au défi quiconque d'y parvenir...»

On remarquera le contre-coup subi par le médium. Dans d'autres circonstances il peut résulter pour ce médium les plus terribles conséquences. Mme d'Espérance, dans une aventure semblable, resta gravement malade pendant plusieurs années. C'est pourquoi il est bon de n'opérer qu'avec des personnes dont on connaisse la loyauté, et qui ne risqueront pas, par de stupides et inutiles agressions, de blesser les médiums.

Les matérialisations et apparitions d'Esprits rencontrent, nous l'avons vu, des difficultés, qui en limitent forcément le nombre. Il en est autrement de certains phénomènes d'ordre physique et de nature très variée, lesquels se propagent et se multiplient de plus en plus autour de nous.

Nous allons examiner succinctement ces faits, dans leur ordre progressif, au point de vue de l'intérêt qu'ils présentent et des certitudes qui s'en dégagent touchant la vie libre de l'esprit.

En première ligne, vient le phénomène, si répandu aujourd'hui, des maisons hantées. Ce sont des habitations fréquentées par des Esprits d'ordre inférieur, où ils se livrent à des manifestations bruyantes. Des coups, des sons de tout ordre, depuis les plus faibles jusqu'aux plus puissants, font vibrer les parquets, les meubles, les murailles, l'air même. La vaisselle est déplacée et brisée ; des pierres sont projetées du dehors jusque dans les appartements.

Les journaux nous apportent fréquemment le récit de phénomènes de ce genre. A peine ont-ils cessé sur un point, qu'ils se reproduisent sur d'autres, soit en France, soit à l'étranger, suscitant l'attention publique. En certains lieux, ils ont duré des mois entiers, sans que les plus habiles policiers aient réussi à découvrir une cause humaine à ces manifestations.

Voici le témoignage de Lombroso à leur sujet. Il écrivait dans *la Lettura* :

> Les cas de maisons hantées, et observés en dehors de la présence de médiums, dans lesquelles, pendant des années, se reproduisent des apparitions ou des bruits concordant avec le récit de morts tragiques, plaident en faveur de l'action des trépassés. — Il s'agit souvent de maisons inhabitées, où ces phénomènes se produisent parfois pendant plusieurs générations et même pendant des siècles.

Le docteur Maxwell, avocat général à la Cour d'appel de Bordeaux, a retrouvé des arrêts de divers parlements, au dix-huitième siècle, résiliant des baux pour cause de hantise.

Le Journal des Débats, dans son numéro du 28 août 1912, rapporte le fait suivant :

> M. J. Denterlander possède à Chicago, 3375, South Dakley Avenue, une maison de rapport. La commission chargée de répartir l'impôt avait cru devoir taxer cet important immeuble sur le pied d'un loyer de 12.000 dollars. M. Denterlander a protesté. Loin de lui fournir des bénéfices, sa maison ne lui donne que de l'ennui ; il a toutes les peines du monde à la louer, parce qu'elle est hantée. Une jeune femme y est morte dans des conditions mystérieuses, probablement assassinée, et depuis lors les autres locataires sont réveillés sans cesse par des gémissements et des cris. Les locataires commencent à se lasser ; ils donnent congé l'un après l'autre. C'est pourquoi M. Denterlander sollicitait une détaxe. La commission, après en avoir délibéré, a fait droit à sa requête : elle a décidé que le revenu imposable de l'immeuble serait abaissé de 12.000 à 8.000 dollars. Voilà, du même coup, l'existence des fantômes officiellement reconnue.

Rappelons les deux cas de hantise de Florence et de Naples que relate mon ouvrage : *Dans l'Invisible*. Des tribunaux, après l'audition de nombreux témoins, ont prononcé des jugements par lesquels ils reconnaissaient la validité des faits et concluant à la résiliation de baux.

Tous ces phénomènes sont dus à des entités de l'ordre le plus inférieur, car les Esprits élevés ne sont pas seuls à se manifester.

Les Esprits de tout ordre aiment à entrer en rapport avec les hommes, dès qu'ils en trouvent les moyens. De là, la nécessité de distinguer, dans les manifestations occultes, ce qui vient d'en haut et ce qui vient d'en bas, ce qui émane des Esprits de lumière et ce qui est produit par des Esprits arriérés. Il y a des âmes de tout caractère et de toute élévation ; il y en a même autour de nous beaucoup plus d'inférieures que d'élevées. Ce sont celles-là qui produisent les phénomènes physiques, les manifestations bruyantes, tout ce qui est d'ordre vulgaire, manifestations utiles cependant, puisqu'elles nous apportent la connaissance de tout un monde oublié.

Dans mes ouvrages déjà cités, j'ai longuement parlé des cas d'écriture médianimique et d'écriture directe.

Les messages obtenus par ces procédés présentent une grande variété de style et sont de valeur très inégale. Beaucoup ne renferment que des banalités, mais il en est de remarquables par la beauté de la forme et l'élévation de la pensée.

Nous citerons quelques exemples récents et inédits.

Le publiciste anglais W. T. Stead, mort dans la catastrophe du *Titanic*, a donné la communication suivante, le 21 mai 1912, à Mme Hervy, dans un groupe parisien :

> «Chers amis, une ombre heureuse vient à vous ; inconnue quant à sa personne, son nom ne vous est pas ignoré, ni sa mort tragique sur le *Titanic*. Je suis Stead, et des amis communs, entre autres la duchesse de P..., m'ont amené ici pour me permettre de me manifester par l'intermédiaire de Mme Hervy, son amie. Peut-être serez-vous étonnés que mes Esprits familiers ne m'aient pas averti de la fatalité attachée au *Titanic* ; mais rien ne prévaut contre la destinée lorsqu'elle est irrémédiable, et je devais mourir sans qu'il fût possible à aucune puissance humaine ou spirituelle de reculer l'heure. L'agonie du *Titanic* a été quelque chose d'horrible et aussi de sublime. Il y a eu des désespoirs fous et des manifestations lâches et brutales de l'égoïsme humain. Mais combien aussi ont pris mesure de leurs cœurs et se sont sentis plus grands devant la mort, plus nobles et plus saints, plus près de Dieu. Savoir qu'on va mourir en pleine vie et en pleine force, sous l'action de ces puissances de la nature qui ne sont qu'indomptées sous leur apparente soumission ; mourir sous le scintillement des étoiles impassibles, mourir dans le calme funèbre de la mer glacée au milieu de cette solitude infinie, quelle angoisse pour la pauvre créature humaine ! et quel appel éperdu vers ce Dieu dont, tout à coup, elle découvre la puissance !... Oh ! les prières de cette nuit, les prières, les renoncements, les éclairs soudains illuminant les consciences, et la foi s'élevant dans les cœurs avec le beau chant : *Plus près de toi, mon Dieu !* Agonie de centaines d'êtres, oui, mais agonie qui pour beaucoup était l'aurore d'un jour nouveau. Il y a pour ceux qui ont vécu, pensé, souffert, pour ceux aussi qui ont trop joui de ces décevantes joies que la fortune dispense à ses victimes, un soulagement intérieur, et comme un élan d'espérance, à penser que dans quelques instants tout sera fini. L'âme

tressaille dans la chair et la dompte, malgré les soubresauts inconscients de la bête. Et combien d'entre nous, aux paroles du cantique : *Plus près de toi, mon Dieu!* se sont sentis tout près de l'Être ineffable qui nous enveloppe de sa toute-puissante sérénité! Pour moi, j'ai vu venir la mort avec une étrange douceur, je me sentais soutenu par mes amis invisibles, pénétré par ce mystérieux magnétisme qui galvanisait ceux qui allaient mourir, et qui enlevait à la mort son horreur. Les morts ont peu souffert, moins que les vivants; ceux qui étaient choisis étaient déjà à moitié dans le monde spirituel où tout rayonne d'une vie éthérée. La grande angoisse n'était pas pour eux, mais pour ceux qui, rivés à la chair, étaient entraînés sur les canots sauveteurs pour continuer ici-bas le pèlerinage de douleur dont ils n'étaient pas encore affranchis. »

W. Stead.

Voici deux autres messages, obtenus au moyen de l'écriture médianimique, en mars et avril 1912 :

« Chère Madame, merci du service que vous m'avez rendu, merci de m'avoir aidé à sortir du trouble qui suit la mort, merci de m'avoir mis en contact avec des âmes si nobles, si pures, qui rêvent le triomphe du Christ véritable et la mise en œuvre de sa doctrine dans une humanité rongée par la fièvre malsaine du matérialisme et par le débordement de ces doctrines d'une philosophie nébuleuse, qui, en voulant créer des surhommes, a méconnu l'homme tout court.

« Le matérialisme, d'une part, et les néfastes doctrines qui ont exalté le moi aux dépens du nous et l'individu aux dépens de l'ensemble humain dont on ne peut le séparer, ont créé une amoralité générale, une dégénérescence de la conscience, que les vieilles formules religieuses sont incapables d'enrayer.

« Oh! nous aurons bien à faire, nous, les missionnaires du Christ nouveau, et le travail ne nous manquera pas dans la vigne du Seigneur; mais quelle joie pour l'apôtre de sentir sa mission se préciser et s'étendre, de voir que la mort, loin de coucher l'homme immobile sous la pierre du sépulcre, augmente, étend, amplifie ses facultés, qu'elle le libère des doutes, des hésitations, des scrupules faux qui troublent sa conscience! Ma vie passée n'a été que la terne chrysalide où mon âme s'est muée sous l'épreuve et la douleur en un merveilleux papillon.

« O joie immense qui gonfle le cœur! joie qui soulève l'âme dans un souffle éperdu, pour la jeter, palpitante de reconnaissance, aux pieds du céleste Créateur, qui paie si amplement la rançon du pécheur.

« Non, mes frères, vous qui êtes plongés dans la nuit de votre terrestre prison, vous ne pouvez concevoir le bonheur de la libération terrestre : sentir grandir en soi cette puissance de connaître et d'apprendre, qui a fait déjà de l'homme le maître de l'univers matériel, sentir grandir en soi, avec l'intelligence et la compréhension, toutes les possibilités de l'action ; sentir son cœur s'épurer, et connaître enfin la véritable amitié et le véritable amour dans la communion intime des êtres, que les lourdes enveloppes physiques séparent par d'invincibles barrières, tout cela ne peut s'exprimer par des mots, et il m'est impossible de vous faire sentir cette plénitude de vie qui succède au sommeil terrestre ; car, sur terre, l'homme est semblable au grain enfoui dans le sol, obscur germe, notion qui prépare l'épanouissement futur, mais qui n'en est pas moins profondément enclose dans les liens de la matière.

« Merci encore une fois, Madame, d'avoir hâté mon réveil, de m'avoir donné tant d'amis si élevés, si hauts et si pénétrés de la parole du Christ ; merci de m'avoir fait entrer dans cette phalange qui compte des Lacordaire, des Didon, des Bersier, phalange qui travaille à la divine mission de la rénovation de l'idéal du Christ.

« Me voici donc redevenu l'ardent, le fervent apôtre que vous, ma chère fidèle (l'Esprit s'adresse, ici, à une personne de l'assemblée), avez connu, avec plus de clairvoyance et plus d'intelligence des choses, avec l'espoir fervent de pouvoir reprendre plus tard et plus parfaitement la tâche que j'ai essayé de remplir ici-bas et que j'ai laissée, hélas ! si imparfaite.

« C'est votre pensée qui m'a attiré près de notre médium. Merci donc, à vous aussi. Je vous quitte, mes amis, plein d'une joie pure et sainte, joie qui surpasse toutes les joies de la terre, comme toutes les harmonies terrestres, comme le chant du rossignol surpasse et éteint le gazouillis de la fauvette.

« Merci encore ; l'apôtre a repris confiance en sa mission divine, et de nouveau le voici prêt à combattre pour le triomphe de l'esprit du Christ. »

LOYSON.

« La vie spirituelle, toute merveilleuse de beauté, ne nous fait point délaisser nos amis terrestres. Si heureux que nous soyons, si profondes que soient les jouissances qui nous enivrent, toujours et sans cesse, nous sommes ramenés vers le lieu de notre dernière vie, vers tous ceux auxquels nous unissent les liens d'une affection fraternelle, vers nos chers aimés, enfin.

« Oui, nous pensons à vous, des hauteurs même les plus inaccessibles où puisse s'élever la pensée ! Nous venons à vous vous redire, en un écho lointain, d'espérer et d'aimer quand même, aussi rude, aussi aride que puisse être la vie. L'espoir et l'amour versent, dans l'existence, le breuvage d'oubli. Ils donnent le courage, la volonté forte, qui nous font braver la tempête avec un front serein. Mais vienne l'accalmie, après l'orage, vienne l'heure du repos bienfaisant, et vous sentirez couler en vos veines l'éternelle félicité céleste, que Dieu répand, sans compter, sur les pauvres humains.

«Le temps vous paraît bien long, parfois. De nous, vous attendez les moindres communications avec impatience; avec, aussi, une sorte de curiosité et le vague espoir qu'elles vont vous révéler un peu le mystère des mondes.

«Mais la Providence sait que les révélations ne pourraient être comprises. Non! L'heure n'a pas encore sonné! Et les phrases que nous pourrons vous faire entendre resteront encore des phrases. Exhortations au bien, certes! Vers le mieux il faut orienter les pauvres âmes en détresse. Par la douceur, par la bonté, il faut amener à vous les frères incroyants. Et vous saurez aussi, par la charité, leur faire entrevoir le but sublime vers lequel doit tendre la vie.

«La vie se continue, vous le savez. La forme seule change. Encore ne change-t-elle point trop vite, car, pendant bien longtemps, nous demeurons terrestres.

«Nous voudrions pouvoir vous exprimer tout ce que l'infini nous permet de contempler. Mais, hélas! le langage humain est pauvre, les mots en sont durs, aigus, lourds comme la matière, alors qu'il les faudrait légers et suaves, d'une suavité exquise, capable de rendre les sons et les couleurs. L'atmosphère dont vous êtes enveloppés est trop épaisse, pour vous permettre de percevoir, même un peu, toute l'harmonie qui règne dans les plans supérieurs. Ah! que de splendeur s'y déploie! Et quelle consolation, quelle grande récompense à nos maux, que cette vie, cette ivresse de tous les instants!

«Nous continuons à nous occuper des âmes errantes, mais la source d'amour qui nous abreuve est si vive et si grande, qu'elle suffit pour nous laisser entrevoir de plus glorieuses destinées. L'ascension continue, sans jamais s'arrêter. Monter encore, monter toujours, sans l'atteindre jamais, vers le foyer de perfection, vers la Cause suprême, qui doit nous absorber, tout en nous laissant notre personnalité propre.

«L'amour, dans quelque monde que l'on soit, est la force, le pivot des sphères, qui gravitent dans leur orbite. Dans la nature, dans les infiniment petits, c'est l'amour, d'abord, qui guide l'instinct. Dans l'homme, dans la société tout entière, c'est l'amour qui forme les sympathies, qui rend possibles les rapports des humains entre eux. Sous quelque expression qu'on veuille les déformer, de n'importe quel nom on l'affuble, si vous analysez un peu, vous retrouverez toujours l'amour, l'amour plus ou moins épuré, qui se trouve en tout être. Il est le centre, la cause. Au foyer, c'est lui qui règne. C'est sur ses assises qu'on construit la famille, la famille qui perpétue, dans le temps et l'espace, la longue suite des âges, marquant le progrès des humanités. Et c'est, aussi, toujours l'amour qui régit les amitiés solides.

«Vous formez une force puissante, quand les mêmes idées, le même ardent désir du bien vous animent. La force fluidique qui vous entoure est considérable, et, si le granit peut vous donner une idée de sa résistance, le cristal, où vient s'iriser la lumière, pourra vous faire percevoir son incomparable pureté.

« Du plus petit au plus grand, aimez, et dans vos cœurs, dans vos âmes, coulera la source de vie. Oui ! Il faut aimer encore, aimer toujours en enseignant, en continuant à propager, dans toute sa grandeur, la philosophie qui contient le pourquoi des destinées humaines. Labourez la terre ; laissez entrer en elle le soc puissant de l'amour, et, un jour, les moissons blondes lèveront au soleil radieux de l'avenir. Propagez, sans vous lasser. Propagez, en aimant. »

EDOUARD PETIT[2]

Tout récemment, les expérimentateurs anglais ont imaginé, sous le nom de « *cross-correspondence* », un nouveau procédé de communication avec l'invisible, qui est bien de nature à prouver l'identité des Esprits qui se manifestent au moyen de l'écriture médianimique. Il a été décrit par sir Ol. Lodge, recteur de l'Université de Birmingham, le 30 janvier 1908, lors d'une réunion de la Société de Recherches psychiques de Londres.

« La *cross-correspondence*, dit-il, c'est-à-dire la réception par un médium d'une partie de communication et de l'autre partie par un autre médium, chacune de ces parties ne pouvant être comprise sans le secours de l'autre, est une bonne preuve qu'une même intelligence agit sur les deux *automatistes*. Si, en outre, le message porte la caractéristique d'un défunt et est reçu à ce titre par des personnes qui ne le connaissaient pas intimement, on peut y voir la preuve de la persistance de l'activité intellectuelle du disparu. Et si l'on obtient de la sorte un morceau de critique littéraire entièrement conforme à sa manière de penser et qui ne saurait être imaginé par une tierce personne, je dis que la preuve est convaincante. Telles sont les espèces de preuves que la société peut communiquer sur ce point. »

Après avoir parlé des efforts tentés dans ce sens par les Esprits de Gurney, Hodgson et Myers, en particulier, l'orateur ajoute :

« Nous trouvons que leurs réponses à des questions spéciales sont faites d'une façon qui caractérise leur personnalité et révèle des connaissances qui étaient de leur compétence.

« La cloison qui sépare les incarnés des désincarnés — dit-il pour conclure — tient encore ferme, mais elle se trouve amincie en maint endroit. Comme les travailleurs d'un tunnel, nous entendons, au milieu du bruit des eaux et des autres bruits, les coups de pics de nos camarades de l'autre côté. »

---

[2] Décédé le 15 septembre 1910, 2, place de Vaugirard, Paris.

Nous ne saurions trop insister sur une question capitale : celle de l'identité des Esprits qui se communiquent au cours des expériences. Cette identité, établie de la manière la plus précise, sera la meilleure réponse aux contempteurs du spiritisme et à tous ceux qui cherchent à expliquer les phénomènes par d'autres causes que celle de l'intervention des défunts.

Voici plusieurs faits qui nous paraissent caractéristiques et appuyés sur des témoignages importants.

Le premier, rapporté par Myers dans son ouvrage sur *la Conscience subliminale*, concerne une personne bien connue de l'auteur, M. Brown, dont il garantit la parfaite sincérité.

Un nègre, d'origine cafre, vint en visite chez M. Brown un jour qu'il faisait des expériences spirites avec sa famille.

Le visiteur introduit, on demanda s'il y avait de ses compatriotes défunts voulant entrer en communication avec lui.

Aussitôt, la jeune fille de la maison, qui ne connaissait pas un mot de cafre, écrivit plusieurs noms en cette langue. Lus au nègre, ils provoquèrent chez lui une vive stupeur. Puis vint un message en langue cafre dont il comprit tout à fait la lecture, à l'exception d'un mot inconnu de M. Brown. En vain celui-ci le prononçait de diverses manières, le visiteur n'en saisissait pas le sens. Tout à coup, le médium écrivit : « Fais claquer ta langue. » Alors, M. Brown se rappela soudain le claquement particulier de la langue qui accompagne l'articulation de la lettre *t* chez les Cafres, et il se fit comprendre immédiatement.

Les Cafres ignorant l'art d'écrire, M. Brown s'étonnait de recevoir un message écrit. Il lui fut répondu que ce message avait été dicté, à la demande des amis du nègre, par un de ses amis européens qui, de son vivant, parlait couramment cette langue.

L'Africain semblait terrifié à la pensée que des morts étaient là, invisibles.

Le second cas est relatif à l'apparition d'un Esprit, nommé Nephentés, dans une séance tenue à Christiania, chez le professeur E., avec Mme d'Espérance comme médium. L'Esprit donna le moulage de sa main dans la paraffine. Ce modèle en creux, porté chez un professionnel pour qu'il en fît le relief, excita sa stupéfaction et celle de ses ouvriers : ils comprenaient bien qu'une main humaine n'avait pu le produire, parce qu'elle l'aurait brisé en se retirant, et déclarèrent que c'était une œuvre de sorcellerie.

Une autre fois, Nephentés écrivit sur le carnet du professeur E. des caractères grecs. Traduites, le lendemain, du grec ancien en langage moderne, ces paroles signifiaient : « Je suis Nephentés, ton amie. Lorsque ton âme sera oppressée par trop de douleur, invoque-moi, et j'accourrai promptement pour soulager tes peines. »

Enfin, le troisième cas est certifié authentique par M. Chedo Mijatovitch, ministre plénipotentiaire de Serbie à Londres, qui l'a communiqué en 1908 au *Light*. Prié par des spirites hongrois de se mettre en rapport avec un médium pour élucider un point d'histoire relatif à un ancien souverain serbe, mort vers 1350, il se rendit chez M. Vango, dont on parlait beaucoup à cette époque et qu'il n'avait jamais vu auparavant. Endormi, le médium annonça la présence de l'Esprit d'un jeune homme, très désireux de se faire entendre, mais dont il ne comprenait pas le langage. Pourtant, il finit par en reproduire quelques mots.

C'était du serbe, dont voici la traduction :

> « Je te prie de vouloir écrire à ma mère Nathalie, en lui disant que j'implore son pardon. » L'Esprit était celui du roi Alexandre. M. Chedo Mijatovitch en douta d'autant moins que de nouvelles preuves d'identité s'ajoutèrent bientôt à la première : le médium fit la description du défunt, et celui-ci exprima ses regrets de n'avoir pas suivi un conseil confidentiel que lui avait donné, deux ans avant son assassinat, le diplomate consultant[3].

Les faits suivants, pour la plupart inédits, constituent autant de preuves de la survivance :

Au cours des séances que nous tenions à Tours de 1893 à 1901, et dont j'ai déjà parlé en mon ouvrage *Dans l'Invisible* à propos des phénomènes de la transe, M. Périnne, président de la Cour d'appel d'Alger, qui avait pris sa retraite dans notre ville, s'entretenait librement avec l'Esprit de son fils, Édouard Périnne, décédé à l'âge de 26 ans, juge de paix à Cherchell, le Ier novembre 1874. Un certain soir, il nous arriva chargé d'une liasse de papiers couverts de croquis à la plume, représentant des scènes humoristiques tracées par le défunt et qu'il conservait comme des reliques : « Édouard, — demanda-t-il à l'Esprit, quand celui-ci se fut incorporé en Mme F…, notre principal médium, lequel n'avait jamais connu le décédé ni mis les pieds en Algérie, — Édouard, qui était donc ce gros homme dont tu as tracé la caricature sur cette page ? Ni moi ni ta mère nous ne pouvons nous rappeler le sens de ce croquis. »

On voyait sur le dessin un homme obèse, s'essayant à grimper à un poteau télégraphique.

« Comment, père, répondit l'Esprit, tu ne te rappelles pas ce M. X…, si ridicule,

---

[3] Voir, pour ces trois cas, les *Annales des sciences psychiques*, 1er et 16 janvier 1910, p. 7 et suiv.

qui, à Alger, nous fatiguait de ses propos oiseux et de ses hâbleries sur son agilité ? »
Et il entra dans des détails très précis sur l'identité de ce personnage, si bien que
M. et Mme Périnne se remémorèrent aussitôt la cause inspiratrice de ces dessins
burlesques.

Un jour d'été, Mme F…, occupée dans son jardin avec son mari à de menus
travaux, se sentit poussée par une force irrésistible à couper une superbe rose,
le seul ornement d'un arbuste et dont M. F… était très fier. Celui-ci chercha en
vain à la dissuader. Sous l'influence occulte, elle coupa la fleur et courut l'offrir
à Mme Périnne, qui habitait dans le voisinage. Cette dame, ravie, s'écria en la
voyant : « Oh, quel plaisir vous me causez en ce jour, qui est celui de ma fête ! »
Mme F… ignorait ce détail.

A la séance suivante, l'Esprit d'Édouard, s'adressant à sa mère, lui dit : « N'as-
tu pas compris que c'est moi qui ai poussé le médium à détacher cette fleur et à
te l'offrir en souvenir de moi ? »

Lors de séances tenues à Paris, en décembre 1911, chez le capitaine P., officier d'état-major, en présence de quelques amis, parmi lesquels se trouvaient le
docteur G. et M. Robert Pelletier, secrétaire de la Revue, un Esprit se manifesta
comme étant Geber, savant arabe ayant vécu en Perse de 760 à 820. Pour preuve
de son identité, il indiqua que la traduction de ses ouvrages était à la Bibliothèque Nationale et donna leurs titres : *Summa collectionis*, *Compendium*, *Testamen-
tum*, etc.

M. Pelletier alla contrôler ses affirmations à la Bibliothèque, et elles se trouvèrent entièrement confirmées ; aucun des assistants n'avait jamais entendu parler
de ce personnage. Dans le même groupe, le compositeur Francis Thomé se fit
reconnaître de ses cousins en rappelant des faits ignorés des autres personnes, et
dont quelques-uns n'étaient même plus présents à la mémoire de ses parents.

Le général L. G. m'écrivait en 1904 :

> « Je ne puis résister au désir de vous communiquer le fait suivant. Au mois de
> juillet dernier, ma femme était à B. chez son frère, et se livrait à des expériences de
> typtologie. Après diverses communications par la table, survint l'Esprit de l'amiral
> Lacombe, oncle de ma femme, mort en janvier 1903. Mon beau-frère, capitaine
> au Nᵉ de ligne, très sceptique, interrogea : "Puisque tu es là, tu pourrais peut-être
> nous dire où est le bon de loterie turque qui était dans les papiers de papa ; je n'ai
> pu le trouver. Toi qui as réglé cette succession, comme tuteur de Marie, tu dois le
> savoir."

« La table répondit : "Il est chez M. L…, notaire. — Non, je le lui ai demandé ; il ne l'a pas. — Si, il est dans une chemise au nom de M. V… (banquier de mon beau-père), avec de vieux papiers, dans le bureau du premier clerc." Mon beau-frère en reste là… Aujourd'hui, je reçois de lui une lettre m'annonçant que le billet de loterie turque a bien été trouvé à l'endroit indiqué par la table : c'est renversant, voilà le fait ! »

Le cas suivant publié par M. Aksakof montre jusqu'à quel point les personnes décédées peuvent continuer à être au courant des choses terrestres.

Une jeune fille russe, Schura (diminutif d'Alexandrine), s'empoisonna à l'âge de 17 ans, après avoir perdu son fiancé Michel, qui, arrêté comme révolutionnaire, perdit la vie en tentant de s'évader. Le frère de Michel, Nicolas, était, au moment où a été prise cette observation, étudiant à l'Institut Technologique. Un jour, une dame de Wiessler et sa fille (dont la première s'occupait beaucoup de spiritisme), qui ne connaissaient que très peu la famille de Michel et de Nicolas, et dont les relations avec Schura et sa famille remontaient déjà à une époque éloignée et n'ont jamais été très suivies, reçoivent par l'intermédiaire d'une table un message de Schura leur enjoignant de prévenir sans retard la famille de Nicolas que leur fils court le même danger dont avait péri son frère. En présence des hésitations de ces deux dames, Schura devient de plus en plus insistante, prononce des paroles dont elle avait l'habitude de se servir de son vivant et, pour leur fournir une preuve de son identité, va jusqu'à apparaître à Sophie un soir, la tête et les épaules encadrées d'un cercle lumineux. Ceci n'a pas encore suffi à décider Mme von Wiessler et sa fille. Enfin, un jour, Schura leur fait savoir que tout est fini, que Nicolas va être arrêté et qu'elles auront à se repentir de ne pas lui avoir obéi. Les deux dames se décident alors à porter tous ces faits à la connaissance de la famille de Nicolas, qui, très satisfaite de la conduite de ce dernier, ne prêta aucune attention à ce qu'on venait de lui raconter. Deux années se passèrent sans incidents, lorsqu'on apprit un jour que Nicolas venait d'être arrêté pour avoir pris part à des réunions révolutionnaires qui ont eu lieu à l'époque même des apparitions et des messages de Schura (*Proceedings S. P. R.*, VI, pp. 349-359).

Le vice-amiral anglais Usborne Moore était un ami de William Stead. Depuis la catastrophe du *Titanic*, l'amiral est entré en communication avec son ami par l'intermédiaire de Mme Wriedt, médium. Il le raconte lui-même ainsi [4] :

« Il (W. Stead) donna trois admirables preuves d'identité — deux à Mlle Harper

---

[4] Lettre du 9 mai 1912 publiée dans *Light*.

et une à moi. Il fit allusion au dernier entretien que nous eûmes ensemble à Bank Buildings. A cette occasion la conversation avait duré une demi-heure et roula sur différents sujets : depuis la guerre entre l'Italie et la Turquie jusqu'à la prochaine visite de son excellente amie Mme Wriedt. C'est de cela que nous parlâmes le plus, surtout de certaines conditions qu'il désirait qu'on observât. Ce fut à une de ces conditions qu'il fit surtout allusion dans cette séance du dimanche soir.

« Le lundi matin, notre ami se montra lui-même à moi sous une forme éthérée, alors que je me trouvais seul avec le médium. C'était un bon simulacre, très brillant jusqu'au milieu du corps, mais cette fois il ne parla pas. Le même soir il se montra de la même façon à plusieurs amis intimes et parla pendant plusieurs minutes sur des sujets dont on savait que son esprit était préoccupé lorsqu'il quitta l'Angleterre. »

Un autre ami de M. Stead, M. Chedo Mijatovitch, ministre plénipotentiaire de Serbie à Londres, a vu l'esprit de Stead et lui a parlé quelques instants. Là encore, l'Esprit donna des preuves formelles de son identité, en rappelant des souvenirs totalement inconnus du médium.

M. Chedo Mijatovitch en a témoigné formellement dans une lettre publiée le 8 juin dans le *Light*.

Le professeur Hyslop a raconté aussi[5] comment, dans une séance avec Mme Chenoweth pour médium, W. James, le célèbre philosophe américain, mort quelques mois auparavant, était venu et avait donné de nombreuses preuves d'identité, notamment en rappelant des faits que M. Hyslop seul pouvait connaître.

Le *Light* de Londres rapporte un cas remarquable d'identité par l'écriture médianimique. Le voici :

M. Shepard avait comme principal employé un certain M. Purday, en qui il avait toute confiance. Purday étant tombé malade, M. Shepard alla lui rendre visite. Il fut reçu par la femme, qui ne le laissa pénétrer qu'avec la plus grande répugnance auprès de son mari, et ne quitta pas un seul instant la chambre du malade, ni pendant cette visite, ni pendant les suivantes. Ceci frappa d'autant plus le visiteur, que le malade le regardait de façon particulière et semblait avoir quelque chose d'important à communiquer et en être empêché par la présence de sa femme.

Purday mourut sans testament ; sa femme hérita de sa fortune, qui, au dire des voisins, était considérable, ce qui surprit beaucoup M. Shepard.

Quelques semaines plus tard, il reçut la visite d'un M. Stafford, médium écri-

---

[5] *Journal of the American Society P. R.* (mai).

vain, qui lui remit une page d'écriture médianimique signée du nom de Purday. Celui-ci avouait que pendant de longues années il avait abusé de la confiance de son patron et avait fait des détournements quotidiens, dont le total constituait un capital important. Il ajoutait que, se trouvant profondément malheureux, il se résignait à cet aveu, que sa femme lui avait empêché de faire avant sa mort.

Les détails qu'il donnait permirent à M. Shepard de contrôler ses affirmations. En outre, ayant soumis cette communication et un spécimen de l'écriture de Purday vivant à un expert, celui-ci conclut à l'identité commune des deux pièces[6].

Le 3 avril 1890, à 10 heures du matin, Mrs. d'Espérance se trouvait dans son bureau, à Gothembourg (Suède), occupée à écrire plusieurs lettres d'affaires. Elle avait daté une feuille de papier et tracé l'en-tête, puis s'était arrêtée pour se renseigner sur l'orthographe d'un nom.

Lorsqu'elle remit les yeux sur la feuille, elle s'aperçut que sa plume ou sa main avait écrit spontanément et à grands caractères les mots « Svens Stromberg ».

Deux mois après, M. Alexandre Aksakof, le professeur Boutlerof, d'autres amis russes et M. Fidler vinrent trouver Mme d'Espérance pour étudier les meilleurs moyens de photographier des fantômes matérialisés.

Dans une séance, son esprit-guide, Walter, écrivit : « Il y a ici un Esprit disant s'appeler Stromberg. Il désirerait que ses parents fussent informés de sa mort. Il me semble qu'il a dit être mort dans le Wisconsin le 13 mars et être né à Jemtland. Il avait une femme et six enfants. »

« S'il est mort à Jemtland, dit M. Fidler, qu'il nous donne l'adresse de sa femme ! »

Il fut répondu : « Non, il est mort en Amérique, et ce sont ses parents qui vivent à Jemtland. »

Le jour suivant, au cours d'une séance de photographie, une plaque développée laissa apparaître, derrière Mme d'Espérance, une tête d'homme à l'aspect placide.

M. Fidler demanda à « Walter » quelle était cette entité photographiée. « Oui — répondit Walter — c'est ce Stromberg dont je t'ai parlé. Je dois même te dire qu'il n'est pas mort dans le Wisconsin, mais à New-Stockolm, et que la date de sa mort est le 31 mars et non le 13. Ses parents habitaient Strom Stocking, ou un nom de ce genre, dans la province de Jemtland. Il a dit, me semble-t-il, qu'il émigra en 1886, qu'il se maria et eut trois fils et non six. Il mourut aimé et pleuré de tous. »

---

[6] *Revue scientifique et morale du spiritisme*, février 1905.

«C'est bien, répliqua M. Fidler. Dois-je envoyer sa photographie à sa veuve?»

«Tu n'as pas encore bien compris, répondit Walter. J'ai dit que ce sont les parents à Jemtland qui ignorent sa mort, et non sa femme. Il m'a dit que tout le monde le connaît dans le pays; j'imagine que, si tu envoies la photographie à Jemtland, tu atteindras le but.»

Pendant un an M. Fidler s'occupa de vérifier ces renseignements. Voici ce qu'il obtint : Svens Ersson, natif de Strom Stocken (paroisse de Strom), dans la province de Jemtland, en Suède, s'était marié avec Sarah Kaiser, avait émigré au Canada et, une fois établi, avait pris le nom de Stromberg; cette dernière circonstance est assez commune parmi les paysans de la Suède, dont les familles ne portent pas de noms qui leur soient propres.

On consulta la femme du défunt, le médecin qui l'avait soigné et le pasteur.

Tous étaient d'accord pour dire que le 31 mars 1890, jour de sa mort, Stromberg, en dictant ses dernières volontés, avait exprimé le désir formel que ses parents et amis de Suède fussent informés de son décès.

Pour des raisons trop longues à énumérer, ses dernières volontés ne furent pas exécutées.

La photographie de Svens Stromberg fut aussi identifiée. Elle avait été envoyée à Strom, où elle fut accrochée à la sacristie, avec invitation aux personnes qui la reconnaîtraient d'y apposer leur signature. Elle fut renvoyée avec de nombreuses signatures et beaucoup de commentaires.

Il reste acquis que soixante heures après sa mort, survenue dans le nord du Canada, Svens Stromberg écrivit son nom sur une feuille de papier dans la ville de Gothembourg, en Suède, et que tous les renseignements qu'il a communiqués par l'intermédiaire de «Walter» étaient de la plus parfaite exactitude.

Après avoir passé en revue les principaux phénomènes qui servent de base au spiritualisme moderne, notre résumé serait incomplet, si nous ne disions quelques mots des objections présentées et des théories contraires, à l'aide desquelles on a cherché à les expliquer.

Le spiritisme, a-t-on dit, n'est qu'un ensemble de fraudes et de supercheries. Tous les faits extraordinaires sur lesquels il s'appuie sont des faits simulés.

Il est vrai que des imposteurs ont cherché à imiter ces phénomènes; leurs ruses ont été facilement découvertes, et les spirites ont été les premiers à les signaler. Dans presque tous les cas cités plus haut : apparitions, matérialisations d'Esprits, les médiums sont liés, attachés sur leur chaise ; fréquemment, leurs pieds et leurs mains sont tenus par les expérimentateurs. Parfois même, ils sont placés dans des cages spécialement préparées à cet effet, cages fermées, dont la clé est aux mains des opérateurs, rangés autour du médium. C'est dans de telles conditions que de nombreuses matérialisations de fantômes se sont produites.

Somme toute, les impostures ont presque toujours été démasquées, et beaucoup de phénomènes n'ont jamais été imités, par la raison qu'ils échappent à toute imitation possible.

Les phénomènes spirites ont été observés, vérifiés, contrôlés, par des savants sceptiques, qui ont passé par tous les degrés de l'incrédulité, et dont la conviction ne s'est faite que peu à peu, sous la pression continue des faits.

Ces savants étaient des hommes de laboratoire, des physiciens et des chimistes éprouvés, des médecins et des magistrats. Ils avaient toutes les qualités requises, toute la compétence nécessaire, pour démasquer les fraudes les plus habiles, pour déjouer les trames les mieux ourdies. Leurs noms sont parmi ceux que l'humanité entière respecte et honore. A côté de ces hommes illustres, tous ceux qui se sont livrés à une étude patiente, consciencieuse et persévérante de ces phénomènes viennent en affirmer la réalité, tandis que la critique et la négation émanent de personnes dont le jugement, basé sur des notions insuffisantes, ne saurait être que superficiel.

Il est arrivé à quelques-uns d'entre eux ce qui arrive souvent aux observateurs inconstants. Ils n'ont obtenu que de faibles résultats, parfois même des résultats négatifs, et ils en sont devenus d'autant plus sceptiques. Ils n'ont pas voulu tenir compte d'une chose essentielle : c'est que le phénomène spirite est soumis à des conditions qu'il faut connaître et observer[7]. Leur patience s'est trop vite lassée. Les preuves qu'ils exigent ne s'obtiennent pas en quelques jours. Les savants qui ont formulé des conclusions affirmatives et que nous avons citées ont étudié la question pendant de nombreuses années. Ils ne se sont pas contentés d'assister à quelques séances plus ou moins bien dirigées et pourvues de bons médiums. Ils se sont donné la peine de rechercher les faits, de les grouper, de les analyser ; ils sont allés au fond des choses. Aussi, leur persévérance a été couronnée de succès, et leur méthode d'investigation peut être offerte en exemple à tout chercheur sérieux.

Parmi les théories mises en avant pour expliquer les phénomènes spirites, celle de l'hallucination tient toujours la plus grande place. Elle a perdu toute raison d'être cependant, devant les photographies d'Esprits obtenues par Aksakof,

---

[7] Voir *Dans l'Invisible*, chap. IX et X.

Crookes, Volpi, Ochorowicz, W. Stead et tant d'autres. On ne photographie pas des hallucinations !

Les Invisibles impressionnent non seulement les plaques photographiques, mais encore des instruments de précision, comme les enregistreurs Marey[8] ; ils soulèvent des objets matériels, les décomposent et les recomposent ; ils laissent des empreintes dans la paraffine chaude. Ce sont là autant de preuves contre la théorie de l'hallucination, soit individuelle, soit collective.

Certains critiques accusent les phénomènes spirites de vulgarité, de grossièreté, de trivialité ; ils les considèrent comme ridicules. Ces appréciations prouvent leur incompétence. Les manifestations ne peuvent être différentes de ce qu'elles eussent été, venant du même Esprit, lorsqu'il vivait sur la terre. La mort ne nous change pas, et nous sommes seulement, dans l'Au-delà, ce que nous nous sommes faits durant cette vie. De là, l'infériorité de tant d'êtres désincarnés.

D'un autre côté, ces manifestations triviales et grossières ont leur utilité : ce sont elles qui révèlent le mieux l'identité de l'Esprit. Elles ont convaincu nombre d'expérimentateurs de la réalité de la survivance, et les ont amenés peu à peu à observer, à étudier des phénomènes d'un ordre plus élevé. Car, nous l'avons vu, les faits s'enchaînent et se lient dans un ordre gradué, en vertu d'un plan qui semble indiquer l'action d'une puissance, d'une volonté supérieure, cherchant à arracher l'humanité à son indifférence, à la pousser vers l'étude et la recherche de ses destinées. Les phénomènes physiques : tables parlantes, maisons hantées, étaient nécessaires pour frapper l'attention des hommes, mais il ne faut voir là que des moyens préliminaires, un acheminement vers des domaines plus élevés de la connaissance.

A chaque siècle, l'histoire rectifie ses jugements. Ce qui paraissait grand devient petit, et ce qui semblait petit s'élève. Aujourd'hui déjà, on commence à comprendre que le spiritisme est un des événements les plus considérables des temps modernes, une des formes les plus remarquables de l'évolution de la pensée, le germe d'une des plus grandes révolutions morales que le monde ait connues.

En ce qui concerne l'étude des manifestations psychiques, les spirites se savent en bonne compagnie. Les noms illustres de Russell Wallace, de Crookes, de Robert Hare, de Mapes, de Zöllner, d'Aksakof, de Boutlerof, de Wagner, de Flammarion, de Myers, de Lombroso, ont été souvent cités. On voit aussi des savants, comme les professeurs Barlett, Hyslop, Morselli, Botazzi, William James, Lodge, le professeur Richet, le colonel de Rochas, etc., qui ne considèrent pas ces étu-

---

[8] Voir *Annales des Sciences psychiques*, août, septembre et novembre 1907, février 1909.

des comme indignes d'eux. Que penser, après cela, des accusations de ridicule, de folie ? Que prouvent-elles, sinon une chose attristante : c'est que le règne de l'aveugle routine persiste dans certains milieux. L'homme incline trop souvent à juger les faits d'après l'horizon étroit de ses préjugés et de ses connaissances. Il faut élever plus haut, étendre plus loin ses regards et mesurer sa faiblesse en face de l'univers. On apprendra par là à être modeste, à ne rien rejeter ni condamner sans examen.

On a cherché à expliquer tous les phénomènes du spiritisme par la suggestion et la double personnalité. Dans les expériences, nous dit-on, le médium se suggestionne lui-même, ou bien il subit l'influence des assistants.

La suggestion mentale, qui n'est autre chose que la transmission de pensée, malgré les difficultés qu'elle présente, peut se comprendre et s'établir entre deux cerveaux organisés, par exemple entre le magnétiseur et son sujet. Mais peut-on croire que la suggestion agisse sur des tables ? Peut-on admettre que des objets inanimés soient aptes à recevoir et reproduire les impressions des assistants ?

On ne saurait expliquer par cette théorie les cas d'identité, les révélations de faits, de dates, ignorés du médium et des assistants, qui se produisent assez souvent dans les expériences, pas plus que les manifestations contraires à la volonté de tous les spectateurs. Bien des fois, des détails absolument inconnus de tout être vivant sur la terre ont été révélés par des médiums, puis vérifiés et reconnus exacts. On en trouve de remarquables exemples dans l'ouvrage d'Aksakof : *Animisme et Spiritisme*, et dans celui de Russell Wallace : *le Moderne Spiritualisme*, ainsi que des cas de médiumnité constatés chez des enfants en bas âge, qui, pas plus que les précédents, ne sauraient être expliqués par la suggestion.

Selon MM. Pierre Janet et Ferré[9] — et c'est là une explication dont se servent fréquemment les adversaires du spiritisme— on doit assimiler un médium écrivain à un sujet hypnotisé, auquel on suggère une personnalité pendant le sommeil, et qui a perdu au réveil le souvenir de cette suggestion. Le sujet écrit d'une manière inconsciente une lettre, un récit se rapportant à ce personnage imaginaire. C'est là, nous dit-on, l'origine de tous les messages spirites.

Tous ceux qui ont quelque expérience du spiritisme savent que cette explication est inadmissible. Les médiums, écrivant d'une manière automatique, ne sont pas plongés au préalable dans le sommeil hypnotique. C'est, en général, à

---

[9] Pierre Janet, *l'Automatisme psychologique.*

l'état de veille, dans la plénitude de leurs facultés et de leur moi conscient, que les médiums écrivent sous l'impulsion des Esprits. Dans les expériences de M. Janet, il y a toujours un hypnotiseur en liaison magnétique avec le sujet. Il n'en est pas de même dans les séances spirites : ni l'évocateur ni les assistants n'agissent sur le médium ; celui-ci ignore absolument le caractère de l'Esprit qui va intervenir. Souvent même, les questions sont posées aux Esprits par des incrédules, plus disposés à combattre la manifestation qu'à la faciliter.

Le phénomène de la communication graphique ne consiste pas seulement dans le caractère automatique de l'écriture, mais surtout dans les preuves intelligentes, dans les identités qu'elle fournit. Or, les expériences de M. Janet ne donnent rien de semblable. Les communications suggérées aux sujets hypnotisés sont toujours d'une banalité désespérante, tandis que les messages des Esprits nous apportent souvent des indications, des révélations ayant trait à la vie présente et passée d'êtres que nous avons connus sur la terre, qui ont été nos amis ou nos proches, détails ignorés du médium et dont le caractère de certitude les distingue absolument des expériences d'hypnotisme.

On ne saurait, par la suggestion, faire écrire des illettrés, ni recevoir d'un guéridon des poésies comme celles recueillies par M. Jaubert, président du tribunal de Carcassonne, et qui obtinrent des prix aux jeux floraux de Toulouse. On ne saurait pas davantage, par ce moyen, susciter l'apparition de mains, de formes humaines, pas plus que l'écriture dont se couvrent les ardoises apportées par des observateurs, sans qu'ils s'en soient dessaisis.

Il faut se rappeler que la doctrine des Esprits a été constituée à l'aide de nombreux messages, obtenus par des médiums écrivains à qui ces enseignements étaient absolument étrangers. Presque tous avaient été bercés dès l'enfance par l'enseignement des Églises, par les idées de paradis et d'enfer. Leurs convictions religieuses, leurs notions sur la vie future, étaient en opposition frappante avec les vues exposées par les Esprits. Il n'existait en eux aucune idée préalable de la réincarnation ni des vies successives de l'âme, pas plus que de la véritable situation de l'Esprit après la mort, toutes choses exposées dans les messages obtenus. Il y a là une objection irréfutable à la théorie de la suggestion.

Il est évident que, parmi l'énorme quantité de faits spirites actuellement enregistrés, il s'en trouve de faibles, de peu concluants ; d'autres peuvent être expliqués par la suggestion ou par l'extériorisation du sujet. Dans certains groupes spirites, on est trop porté à tout accepter comme émanant des Esprits, et l'on ne fait pas assez la part des phénomènes douteux. Mais, si large que soit cette part, il reste un ensemble imposant de manifestations inexplicables par la suggestion, l'inconscient, l'hallucination ou autres théories analogues.

Les critiques procèdent toujours de la même façon envers le spiritisme. Ils ne s'adressent qu'à un genre spécial de phénomènes et écartent à dessein de la discussion tout ce qu'ils ne peuvent comprendre ni réfuter. Dès qu'ils croient avoir trouvé l'explication de quelques faits isolés, ils s'empressent de conclure à l'absurdité de l'ensemble. Or, presque toujours, leur explication est inexacte, et laisse dans l'ombre les preuves les plus frappantes de l'existence des Esprits et de leur intervention dans les choses humaines.

Les professeurs Taine, Flournoy, les docteurs Binet, Grasset, etc., ont proposé les théories de la double conscience et de l'altération de la personnalité, pour expliquer les phénomènes de l'écriture et de l'incorporation ; mais leurs systèmes ne s'accordent pas avec les faits d'écritures en langues étrangères ignorées du médium, comme ce fut le cas avec la fille du grand juge Edmonds (voir *Problème de l'Être*). Ils ne concordent pas davantage avec les autographes obtenus de certains défunts, pas plus qu'avec les phénomènes d'écriture obtenus par des illettrés [10].

Aucune de ces hypothèses ne peut expliquer les faits d'écriture directe, obtenue par M. de Guldenstubbe, sans contact, sur des feuilles de papier non préparées [11], pas plus que l'expérience rapportée par sir W. Crookes [12], et dans laquelle une main d'Esprit, matérialisée, descendit du plafond, sous ses regards, dans son propre cabinet de travail, alors qu'il tenait dans ses deux mains celles du médium Kate Fox.

Dans toutes ces théories, on confond presque toujours le subconscient, ou le subliminal, soit avec le double fluidique, qui n'est pas un être, mais un organisme, soit avec l'Esprit préposé à la garde de toute âme incarnée en ce monde.

Le pasteur Benezech, que les faits ont converti au spiritisme, a montré excellemment tout ce qu'ont d'arbitraire et d'invraisemblable ces explications prétendues scientifiques. Dans un livre récent, il écrit à ce sujet [13] :

La table nous révélait une chose que nous étions dans l'impossibilité matérielle, absolue, incontestable de savoir. Quelqu'un le savait pour nous, puisqu'on nous le disait. La mémoire latente n'a pas pu intervenir, et si la subconscient est seul en jeu, de quel pouvoir ne dispose-t-il pas ! Il est en nous, il est une partie de nous-mêmes, et, par un caprice de la nature qui égale, quand on y réfléchit, les prodiges les plus invraisemblables, il pense, il conçoit des projets, il les exécute, tout cela à notre insu, et ensuite il nous dit ce qu'il a réalisé, alors que nous sommes, non pas endormis et à l'état de rêve, mais parfaitement éveillés et dans

---

[10] Voir Aksakof, *Animisme et Spiritisme*.
[11] Voir *Dans l'Invisible*.
[12] Voir Crookes, *Recherches sur le Spiritualisme*.
[13] A. Benezech, *les Phénomènes psychiques et la question de l'Au-dela*, 1 vol. ; Fischbacher, 1911.

l'attente de ce qui va se produire. Les amateurs de fantastique ont de quoi être satisfaits.

Dans son dernier livre[14], sir Oliver Lodge rapporte, en ces termes, un fait qui ne peut être expliqué par aucune des théories chères aux adversaires du spiritisme :

« Le texte suivant fut obtenu par M. Stainton Moses, alors qu'il était en séance dans la bibliothèque du docteur Speer, et conversait, par le moyen de sa main qui écrivait automatiquement, avec divers interlocuteurs supposés :

S. M. — Pouvez-vous lire ?

Rép. — « Non, ami, je ne peux pas, mais Zacharie Gray ainsi que Rector le peuvent. »

S. M. — Y a-t-il ici l'un quelconque de ces Esprits ?

Rép. — « Je vais en amener un tout à l'heure. Je vais envoyer… Rector est ici. »

S. M. — J'ai demandé si vous pouviez lire. Cela est-il vrai ? Pouvez-vous lire un livre ?

Rép. — (L'écriture change.) « Oui, ami, mais difficilement. »

S. M. — Voulez-vous m'écrire la dernière ligne du Premier Livre de l'*Enéide* ?

Rép. — « Attendez… *Omnibus errantem terris et fluctibus aestas.* »

[C'était bien cela.]

S. M. — C'est bien. Mais il est possible que je l'aie su. Pouvez-vous aller dans la bibliothèque, prendre l'avant-dernier volume du deuxième rayon, et me lire le dernier paragraphe de la page 94 ? Je ne sais pas quel est le livre, et j'en ignore même le titre.

[Après un court laps de temps, on obtint ceci par l'écriture automatique] :

« Je prouverai par un court récit historique que la Papauté est une nouveauté qui, graduellement, s'est élevée et a grandi depuis les temps primitifs du Christianisme pur, non seulement depuis l'âge apostolique, mais, même, depuis la lamentable union de l'Église et de l'État par Constantin. »

(Le volume en question se trouvait être une œuvre bizarre ayant comme titre : *Roger's Antipopopriestian, an attempt to liberate and purify Christianity from Popery, Politikirkality and Priestrule*. L'extrait donné ci-dessus était exact, sauf le mot *narrative* substitué au mot *account*.)

---

[14] *La Survivance humaine*, par sir Oliver Lodge, traduit par le docteur Bourbon. Paris, 1912, Félix Alcan, éditeur.

S. M. — Comment se fait-il que je sois tombé sur une phrase aussi bien appropriée ?

Rép. — « Je ne sais, mon ami, c'est l'effet d'une coïncidence. Le mot a été changé par erreur. Je m'en suis aperçu quand c'était fait, mais je n'ai pas voulu le corriger. »

S. M. — Comment lisez-vous ? Vous écriviez plus lentement, par accès et par saccades.

Rép. — « J'écrivais ce que je me rappelais, et j'allais ensuite lire plus loin. Il faut faire un effort spécial pour lire. Cela n'a d'utilité que comme preuve. Votre ami avait raison hier au soir ; nous pouvons lire, mais seulement quand les conditions sont très bonnes. Nous allons lire une fois encore, nous écrirons, et ensuite nous vous donnerons l'impression du livre : « Pope est le dernier grand écrivain de cette école de poésie, la poésie de l'intelligence, ou plutôt de l'intelligence mélangée à l'imagination. » Ceci est vraiment écrit. Allez prendre le onzième volume sur le même rayon.

[J'y pris un livre intitulé : *Poésie, Roman et Rhétorique.*]

« Il va s'ouvrir pour vous à la page voulue. Prenez et lisez, et reconnaissez notre pouvoir et la permission que nous donne Dieu, grand et bon, de vous montrer notre puissance sur la matière. Gloire à Lui. Amen. »

(Le livre, ouvert à la page 145, montra que la citation se trouvait parfaitement vraie. Je n'avais pas vu le volume auparavant ; il est certain que je n'avais aucune idée de ce qu'il renfermait. S. M.)

[Ces volumes se trouvaient dans la bibliothèque du docteur Speer.]

Dans les dernières pages du même livre, en concluant, après avoir rapporté des faits innombrables, sir Lodge écrit :

Nous découvrons que des amis défunts, dont quelques-uns nous étaient bien connus et avaient pris une part active aux travaux de la société pendant leur vie, spécialement Gurney, Myers et Hodgson, prétendent constamment communiquer avec nous, dans l'intention bien arrêtée de prouver patiemment leur identité et de nous donner des correspondances croisées entre différents médiums. Nous découvrons aussi qu'ils répondent à des questions spécifiques, d'une manière caractéristique de leurs personnalités connues et qu'ils témoignent de connaissances qui leur étaient propres.

Les théoriciens du subconscient font de celui-ci un être doué de propriétés intellectuelles transcendantales. Quoi d'étonnant s'ils paraissent expliquer ainsi certaines manifestations de l'esprit ? Mais tandis que la théorie spirite est claire, précise et s'adapte parfaitement à la nature des phénomènes, l'hypothèse de la subconscience reste vague et confuse.

Devant les faits que nous venons de signaler, on peut se demander en vertu de quel accord universel ces inconscients cachés dans l'homme, qui s'ignorent entre eux et s'ignorent eux-mêmes, sont unanimes, au cours des manifestations occultes, à se dire les Esprits des morts. Comment pourraient-ils connaître et communiquer des détails minutieux sur l'identité de ceux-ci ?

C'est ce que nous avons pu constater nous-même dans les innombrables expériences auxquelles nous avons pris part, durant plus de trente années, sur tant de points divers, en France et à l'étranger. Nulle part, les êtres invisibles ne se sont présentés comme les inconscients ou moi supérieurs des médiums et autres personnes présentes. Ils se sont toujours annoncés comme des personnalités différentes, jouissant de la plénitude de leur conscience, comme des individualités libres, ayant vécu sur la terre, connues des assistants, dans la plupart des cas, avec tous les caractères de l'être humain, ses qualités et ses défauts, et, fréquemment, ils donnaient des preuves de leur propre identité [15].

Ce qu'il y a de plus remarquable en ceci, croyons-nous, c'est l'ingéniosité, la fécondité de certains penseurs, leur habileté à échafauder des théories fantaisistes, dans le but d'échapper à des réalités qui leur déplaisent et les gênent.

Sans doute, ils n'ont pas prévu toutes les conséquences de leurs systèmes ; ils ont fermé les yeux sur les résultats qu'on en peut attendre. Ne se rendant pas compte que ces doctrines funestes annihilent la conscience et la personnalité en les divisant, ils aboutissent logiquement, fatalement, à la négation de la liberté, de la responsabilité et, par suite, à la destruction de toute loi morale.

En effet, avec ces hypothèses, l'homme serait une dualité ou une pluralité mal équilibrée, où chaque conscience agirait à sa guise, sans souci des autres. Ce sont de telles notions qui, en pénétrant dans les âmes et devenant pour elles une conviction, un argument, les poussent à tous les excès.

Au contraire, tout dans la nature et dans l'homme est simple, clair, harmonique, et ne paraît obscur et compliqué que par un effet de l'esprit de système.

De l'examen attentif, de l'étude constante et approfondie de l'être humain, il résulte une chose, l'existence en nous de trois éléments : le corps physique, le corps fluidique ou périsprit et, enfin, l'âme ou esprit. Ce que l'on nomme l'inconscient, la personne seconde, le moi supérieur, la polyconscience, etc., c'est tout simplement l'esprit qui, dans certaines conditions de dégagement et de

---

[15] Voir *Dans l'Invisible*, Identité des Esprits, chap. XXI.

clairvoyance, voit se produire en lui comme une manifestation de puissances cachées, un ensemble de ressources que ses existences antérieures ont accumulées en lui et qui étaient momentanément cachées sous le voile de la chair.

Non, certes, l'homme n'a pas plusieurs consciences. L'unité psychique de l'être est la condition essentielle de sa liberté et de sa responsabilité. Mais il y a en lui plusieurs états de conscience. A mesure que l'esprit se dégage de la matière et s'affranchit de son enveloppe charnelle, ses facultés, ses perceptions, s'étendent, ses souvenirs se réveillent, le rayonnement de sa personnalité s'élargit. C'est là ce qui se produit quelquefois, à l'état de sommeil magnétique. Dans cet état, le voile de la matière retombe, l'âme se dégage et les puissances latentes reparaissent en elle. De là, certaines manifestations d'une même intelligence, qui ont pu faire croire à une double personnalité, à une pluralité de consciences.

Cependant, cela ne suffit pas à expliquer les phénomènes spirites ; dans la plupart des cas, l'intervention d'entités étrangères, de volontés libres et autonomes, s'impose comme la seule explication rationnelle.

C'est donc vainement que les critiques s'acharnent contre le spiritisme. Dès qu'on examine avec attention leurs arguments, ils s'évanouissent comme de la fumée : hallucination, suggestion, inconscient subliminal, ne sont que des mots. Quand on les a mis en avant, on croit avoir tout dit. En réalité, ils n'expliquent rien et les problèmes subsistent dans toute leur étendue. La pratique du spiritisme présente des ombres, des difficultés, des dangers. Mais n'oublions pas qu'il n'est aucune chose au monde, si belle et si profitable fût-elle, qui ne soit dangereuse si l'on en abuse.

Il en est ainsi du spiritisme. Étudiez ses lois, obéissez à ses règles, n'abordez l'expérimentation qu'avec un sentiment pur et élevé, et vous reconnaîtrez bientôt sa grandeur et sa beauté. Vous comprendrez qu'il deviendra la force morale de l'avenir, la preuve la plus certaine de la survivance, la consolation des malheureux, le suprême refuge des naufragés de la vie. Déjà il pénètre partout. La littérature en est imprégnée. La presse périodique lui consacre de fréquents articles. La science, qui l'a si longtemps bafoué, change peu à peu d'attitude envers lui. Les Églises, qui pensaient en avoir facilement raison, se voient obligées de recourir à toutes leurs armes pour le combattre. Il est même proclamé dans un certain nombre de chaires ; tous les jours nous voyons des prêtres vénérables, des pasteurs et des croyants affirmer leur foi en lui.

Il triomphera, parce qu'il est la vérité, à qui rien ne peut résister. Il serait aussi difficile d'arrêter la marche des astres, de suspendre le mouvement de la terre, que d'arrêter les progrès de cette vérité qui s'est révélée au monde et de faire revenir les hommes à leurs doutes, à leurs incertitudes, à leurs négations antérieures.

Résumons-nous et concluons. On le voit, à travers l'épaisse brume où flotte, depuis tant de siècles, la pensée humaine, tâtonnant à la recherche de l'inconnu, le phénomène spirite ouvre une large trouée de lumière. Les chimères enfantées par le passé s'évanouissent : il n'est plus de séparation définitive, plus d'enfer éternel ! L'Au-delà se révèle dans ses mystérieuses profondeurs, où se déploie la vie infinie, où se meuvent les forces divines. L'angoisse des départs, le désespoir des séparations fait place à la joie des retours et à l'enivrante promesse des réunions entrevues.

Toutes les âmes qui s'aiment se retrouvent, pour poursuivre ensemble leur évolution ascendante, de vie en vie, de monde en monde, et monter vers la perfection, vers Dieu, dans une lumière toujours plus vive, au sein d'harmonies toujours grandissantes. La révélation des Esprits, communiquée en d'innombrables messages parlés et écrits, obtenus sur tous les points du globe, vient nous montrer le but suprême de la vie, de toutes nos vies [16].

Ce but, c'est la libération par le travail, par l'effort, par l'étude, par la souffrance, par la lente éducation de l'âme à travers toutes les conditions de la vie sociale, qu'elle doit subir tour à tour, la libération du mal, de l'erreur, de la passion, de l'ignorance ; c'est l'art d'apprendre à penser par soi-même, à juger, à comprendre toutes les harmonies, toutes les lois du sublime Univers. C'est la conquête de la beauté, de la liberté, de la bonté : la beauté de la forme fluidique, du corps éthéré qui se transforme, s'illumine et s'épanouit à mesure que l'esprit s'éclaire, se purifie et s'élève, la beauté de l'âme qui s'enrichit de qualités morales, de forces et de facultés nouvelles.

Ainsi, d'ascension en ascension, de monde en monde d'abord, de soleil en soleil ensuite, dans le cycle immense de son évolution, l'âme voit s'accroître sa puissance de radiation et de lumière. Par l'élévation graduelle de ses pensées et la pureté de ses actes, elle arrive à mettre ses propres vibrations en harmonie avec les vibrations de la pensée divine, et de là découle pour elle une source abondante de sensations, de perceptions, de jouissances, que la parole humaine est impuissante à décrire.

Telle est la tâche à accomplir ! Mais cela ne suffit pas encore. En travaillant pour soi-même, il faut travailler pour les autres, pour leur élévation, la marche en avant des humanités, l'unification des pensées, des croyances, des aspirations. Orienté vers un idéal grandiose d'avenir, de progrès moral, de lumière, dans la

---

[16] Voir *Après la Mort, le Problème de l'Être et de la Destinée, Christianisme et Spiritisme.*

vie toujours renouvelée, par laquelle tous les êtres sont unis dans une solidarité étroite, dans une communion de vérité et d'amour, l'homme arrivera à mieux connaître, mieux comprendre, mieux servir Dieu !

A vous qui parcourez ces pages, je dirai en terminant : aux moments difficiles de votre vie, à l'heure des épreuves, quand vous perdrez un être aimé, ou si vos espérances longtemps caressées viennent à s'écrouler, lorsque votre santé s'effondrera, lorsque votre vie s'affaiblira lentement, et que vous verrez s'approcher l'heure finale, celle où il faut quitter la terre ; si, à ces moments, l'incertitude ou l'angoisse vous serrent le cœur, alors souvenez-vous de la voix qui aujourd'hui vous dit : Oui, il y a un Au-delà ! oui, il y a d'autres vies ! Rien n'est perdu de nos souffrances, de nos travaux, de nos larmes. Aucune épreuve n'est inutile ; nul labeur n'est sans profit, aucune douleur sans compensation… Ayez confiance en vous-même, confiance dans les forces intérieures cachées en vous, confiance en l'avenir sans fin qui vous est réservé. Ayez la certitude qu'il y a dans l'Univers une Puissance souveraine et paternelle, qui a tout disposé avec ordre, justice, sagesse, amour. Cela vous inspirera plus d'assurance dans la vie, plus de courage dans l'épreuve, plus de foi en vos destinées. Et vous avancerez d'un pas ferme dans la voie infinie qui s'ouvre devant vous.

Etude sur la reincarnation ou les vies successives

Réponse à l'enquête ouverte par la revue internationale :
La Philosophie de la Science, septembre 1912.

I

La doctrine de la réincarnation ou des vies successives est la seule qui éclaire d'une vive lumière le problème de la destinée humaine. En dehors d'elle, la vie ne nous présente que contradictions, incertitude et ténèbres. Elle seule explique la variété infinie des caractères, des aptitudes, des conditions.

De même qu'un gland renferme, à l'état de germe, le chêne superbe dans son développement majestueux ; de même qu'une minuscule graine représente la fleur dans l'éclosion de sa beauté et de ses parfums, ainsi l'âme humaine la plus inférieure possède, à l'état latent, les éléments de sa grandeur, de sa puissance, de son bonheur à venir, toutes les forces de la pensée, toutes les ressources du génie. Elle est appelée à les développer dans la suite de ses vies innombrables, dans ses incarnations à travers les temps, à travers les mondes, par le travail, l'étude, la joie et la douleur.

L'Ame construit elle-même sa destinée. A chaque renaissance, elle apporte le fruit de ses travaux antérieurs. Ils se révèlent par ses aptitudes, ses facilités d'assimilation, ses tendances, ses goûts. Elle apporte aussi le capital moral accumulé par ses vies passées. Suivant ses mérites ou ses démérites, selon le bien ou le mal accompli, sa nouvelle vie sera heureuse ou malheureuse, dominée par la chance ou la malchance. Tout ce que nous faisons retombe sur nous à travers les temps, en félicités ou en douleurs. Le purgatoire et l'enfer ne sont que les pénibles existences terrestres, par lesquelles nous rachetons un passé coupable, purifions nos consciences, allégeons nos âmes et nous préparons à de nouvelles ascensions.

La douleur seule, en effet, peut consumer et détruire les germes impurs, les fluides grossiers qui alourdissent l'être psychique et retardent son élévation.

Considérée à ce point de vue, la doctrine des réincarnations rétablit la justice et l'harmonie dans le monde moral. Alors que le monde physique est régi par des lois ordonnatrices, est-il possible que le monde psychique ne présente que désordre et confusion, comme cela ressort de la croyance en une seule vie pour chacun de nous ? La philosophie des vies successives vient rétablir l'équilibre et nous montrer que le même ordre admirable régit les deux faces de l'univers et de la vie, qui se réunissent et se fondent en une unité parfaite.

On le voit, au point de vue moral comme au point de vue social, les résultats de cette doctrine sont immenses. Par elle, l'homme acquiert une notion plus exacte de sa valeur, des forces qui dorment en lui, une plus haute idée de ses responsabilités et de son devenir. La loi de la conséquence des actes retombant sur leur auteur est la plus solide sanction qu'on puisse offrir à la morale, et elle trouve sa démonstration dans le spectacle des maux et des épreuves qui assiègent l'humanité. La liberté et la responsabilité de l'être, bien restreintes au début de sa course, grandissent et s'accroissent à mesure qu'il s'élève sur l'échelle d'évolution, jusqu'à ce que, parvenu aux hauteurs suprêmes, il collabore et participe de plus en plus à l'œuvre et à la vie divines.

En même temps, l'homme se sent relié plus étroitement à ses semblables, pèlerins, comme lui, du grand voyage éternel, et qu'il est destiné à retrouver aux différentes étapes de la route. Sachant qu'il faut passer par toutes les conditions pour parfaire l'éducation de l'âme, sachant aussi que le dévouement, l'esprit de sacrifice, d'abnégation et de solidarité sont les moyens les plus efficaces de progresser, il se sentira mieux disposé à accepter les disciplines sociales et à travailler pour la collectivité. Par là, la plupart des abus, des excès, des crimes dont souffre la société actuelle, s'atténueront et s'évanouiront peu à peu. L'éducation se transformera avec l'idéal et l'objectif essentiel de la vie, et l'homme apprendra à mieux adapter ses forces intérieures aux véritables fins qu'il est appelé à réaliser.

Des fils mystérieux relient tous les êtres et toutes les choses. L'amour et la haine sont des forces attractives. Tous ceux qui se sont aimés, tous ceux qui se sont haïs, se retrouvent tôt ou tard, afin que l'affection qui unit les uns grandisse encore et s'épure, et que l'aversion qui sépare les autres soit vaincue par de meilleurs rapports et de mutuels services. Finalement, affranchis de leurs passions matérielles, tous se trouvent réunis dans la vie supérieure et bienheureuse. Ainsi, la doctrine des vies successives constitue un stimulant puissant pour le bien, une consolation et un réconfort dans le malheur.

II

La valeur scientifique de cette doctrine n'est pas moins considérable que sa valeur morale et sociale. En effet, en nous incitant à rechercher les preuves expérimentales qui lui servent d'appui, elle nous met en présence des aspects les plus profonds et les plus ignorés de la nature humaine.

Pour ce qui me concerne personnellement, j'ai pu recueillir quelques preuves de mes vies antérieures. Elles consistent en révélations, qui m'ont été faites en des lieux différents, au moyen de médiums ne se connaissant pas et n'ayant jamais eu aucun rapport entre eux. Ces révélations sont concordantes et identiques. En outre, je puis en vérifier l'exactitude par l'introspection, c'est-à-dire par une étude analytique et attentive de mon caractère et de ma nature psychique. Cet examen m'a fait retrouver, très accusés en moi, les deux principaux types d'hommes que j'ai réalisés au cours des âges et qui dominent tout mon passé : le moine studieux et le guerrier. Je pourrais y ajouter nombre d'impressions et de sensations qui m'ont permis de reconnaître, en cette vie, des êtres déjà rencontrés antérieurement.

Je crois que beaucoup d'hommes, en s'observant avec attention, pourraient reconstituer leur passé pré-natal, sinon dans ses détails, du moins dans ses grandes lignes.

Mais c'est surtout dans l'hypnose, la transe et le dégagement de l'âme, que le passé peut reparaître et revivre. J'ai expérimenté en ce sens sur plusieurs médiums. Endormis, soit par moi, soit par des Entités invisibles, ils reproduisaient des scènes de leurs existences évanouies, scènes poignantes ou tragiques qu'ils n'auraient pu ou su inventer, pour bien des raisons. Certains détails de ces vies ont pu être contrôlés et reconnus véridiques. Malheureusement, la nature tout intime de ces faits ne permet pas de les livrer à la publicité.

Le colonel de Rochas a fait, dans le même ordre d'études, des expériences que j'ai relatées et résumées dans mon livre : *le Problème de l'Être et de la Destinée*. J'y ai ajouté d'autres témoignages, émanant des princes Galitzin et Wiszniewsky et de plusieurs expérimentateurs espagnols.

En résumé, tous ces faits démontrent que notre personnalité est beaucoup plus étendue qu'on ne l'a cru jusqu'ici. Notre conscience, notre mémoire ont des profondeurs qui restent muettes à l'état de veille, mais, dans le sommeil hypnotique et l'état de dégagement, elles se réveillent et entrent en action. Là repose tout un monde de connaissances, de souvenirs, d'impressions accumulés par nos vies antérieures et que la renaissance a recouverts du voile de la chair. C'est ce que certains expérimentateurs et critiques appellent la conscience subliminale, la subconscience supérieure ou l'Être subconscient. En réalité, ce n'est là qu'un état de l'être qui constitue la conscience intégrale, la plénitude du moi. Plus le sommeil est profond, plus le dégagement de l'âme s'accentue ; alors les couches voilées de la mémoire entrent en vibration : le passé ressuscite et revit. L'être peut reconstituer les scènes lointaines, les tableaux de sa propre histoire. Cet ordre de recherches constitue toute une psychologie nouvelle et agrandie, dont l'étude attentive, jointe à un contrôle rigoureux, révolutionnera la science de l'âme et amènera une rénovation complète de la philosophie et de la religion.

Aux expériences indiquées plus haut, il convient d'ajouter les réminiscences d'hommes et d'enfants. J'en ai cité un grand nombre dans *le Problème de l'Être*. Je pourrais y ajouter les cas de plusieurs enfants se souvenant de leurs vies antérieures, qui ne s'expliquent ni par l'imagination, ni par l'influence des milieux, car les parents, dans la plupart de ces cas, sont hostiles à l'idée de réincarnation. Ces phénomènes prennent fin avec la croissance, au moment où la conscience profonde, ensevelie en quelque sorte sous le capuchon de chair, cesse de vibrer. Les réminiscences d'hommes célèbres s'expliquent par le degré d'évolution et l'affinage des sens psychiques.

A ces cas j'en ajouterai un, cité par M. H. de Varigny, dans le feuilleton scientifique du *Journal des Débats* du 11 avril 1912 :

D'après un auteur qui a beaucoup pratiqué et aimé les Birmans, en leur consacrant un livre de très grand intérêt, M. Fielding Hall a relaté le fait suivant, qui ne serait qu'*unum e pluribus*. Chez les Birmans, on rencontrerait souvent, en effet, des enfants ayant le souvenir de vies antérieures. Malheureusement, il s'atténue et disparaît avec l'âge.

Cinquante ans avant, deux enfants, un garçon et une fille, étaient nés dans le même village, le même jour. Pour abréger, ils se marièrent et moururent le même jour, après avoir fondé une famille et pratiqué toutes les vertus.

Des temps troublés survinrent, dit l'histoire, mais ils n'ont pas grande utilité pour celle-ci. Qu'il suffise de dire que deux jeunes gens, des deux sexes, durent fuir le village où le premier épisode s'était déroulé, et allèrent s'établir ailleurs. Ils avaient eu deux fils, des jumeaux. C'est ici que commence le second épisode.

Ces jumeaux, au lieu de s'appeler par leurs noms, s'appelaient par les noms (assez similaires) du couple vertueux et défunt ; par conséquent, un des enfants recevait de l'autre un nom de fille.

Les parents s'étonnèrent un peu, mais bientôt ils comprirent. Pour eux, le couple vertueux s'était réincarné dans les enfants. On voulut faire la preuve. On conduisit ceux-ci au village où ils étaient nés. Ils reconnurent tout : routes, maisons, gens, jusqu'aux vêtements du couple, conservés sans qu'on dise pour quelle raison. L'un se rappela avoir emprunté deux roupies à une personne. Celle-ci vivait encore ; elle confirma le fait.

M. Fielding Hall, qui a vu les deux enfants alors qu'ils avaient six ans, trouvait à l'un une apparence plus féminine : celui-ci hébergerait l'âme de la femme défunte. Avant la réincarnation, disent-ils, ils ont vécu quelque temps sans corps, dans les branches d'arbres. Mais leurs souvenirs deviennent de moins en moins nets et s'effacent : ceux de la vie antérieure, naturellement [17].

III

1. — Ainsi que nous l'avons démontré dans notre *Problème de l'Être* [18], le caractère individuel ne peut s'expliquer uniquement par les lois de l'atavisme et de l'hérédité. Si l'on retrouve chez l'enfant, parfois fortement accusés, les qualités ou les défauts des ascendants, on y constate aussi des traits distinctifs, qui ne peuvent provenir que d'acquits personnels, antérieurs à la naissance. Des jumeaux sont souvent très dissemblables de caractère, et les enfants prodiges possèdent des talents dont leurs parents sont dépourvus.

Descartes, Leibniz, Kant, ont eu quelque intuition de ces faits, Descartes surtout, en sa théorie des idées innées ; mais le spiritualisme expérimental contemporain a seul pu faire la lumière sur ces problèmes.

2. — La loi des réincarnations est conforme au principe d'évolution, qu'elle éclaire et complète. Seulement, au lieu d'en rechercher la cause initiale dans la matière, elle la place dans l'esprit, libre et responsable, qui construit lui-même les formes successives qu'il revêtira pour parcourir l'échelle magnifique des mondes.

3. — J'ai exposé, dans l'ouvrage déjà cité, les raisons qui nécessitent et justifient l'oubli des existences antérieures durant notre passage terrestre. Dans la plupart des cas, le souvenir serait une entrave à nos progrès, une cause d'inimitié entre les hommes. Il perpétuerait, parmi les générations, les haines, les jalousies, les conflits de toute nature. L'âme, après avoir bu l'eau du Léthé, recommence une autre carrière, plus libre de construire son existence sur un plan nouveau et meilleur, affranchie des préjugés, des routines, des erreurs et des rancunes du passé.

4. — Toutes les grandes religions sont basées sur la croyance aux vies successives : le brahmanisme, le bouddhisme, le druidisme, l'islamisme (voir Surate II, v. 26 du Coran ; Surate VII, v. 55 ; Surate XVII, v. 52 ; Surate XIV, v. 25). Le

---

[17] Voir le feuilleton scientifique du *Journal des Débats*, 11 avril 1912, par Henri de Varigny.
[18] Chapitre XV : Les Enfants prodiges et l'hérédité.

christianisme primitif ne fait pas exception à cette règle. On retrouve des traces de cette doctrine dans l'Evangile. Les Pères grecs : Origène, Clément d'Alexandrie et la plupart des chrétiens des premiers siècles l'admettaient (voir mon ouvrage *Christianisme et Spiritisme*, chap. III et IV et note 5). Le catholicisme a cru devoir laisser cet enseignement dans l'ombre et y substituer la théorie d'une vie unique et le dogme des peines éternelles, comme plus efficaces pour le salut des âmes et peut-être plus encore pour la domination de l'Eglise. De là, croyons-nous, son impuissance actuelle à donner une solution satisfaisante du problème de la vie et de la destinée, une des raisons de son affaiblissement et de sa décadence.

Table des matières